Endres, Bohn, Preißer · Der Latein-Trainer

Wolfgang Endres, Axel Bohn, Klaus Preißer

Der Latein-Trainer

Grammatik- und Übersetzungsmethodik

Beltz Verlag · Weinheim und Basel 1990

Über die Autoren:
Wolfgang Endres, Erzieher, Referent in der Lehrerfortbildung
Axel Bohn, Studien-Assessor
Klaus Preißer, Studien-Referendar

CIP-Titelaufnahme der Deutschen Bibliothek

Endres, Wolfgang: Der Latein-Trainer : Grammatik- und
Übersetzungsmethodik / Wolfgang Endres ; Axel Bohn ;
Klaus Preißer. – Weinheim ; Basel : Beltz, 1990
   ISBN 3-407-83105-6

Alle Rechte, insbesondere das Recht der Vervielfältigung
und Verbreitung sowie der Übersetzung, vorbehalten.
Kein Teil des Werkes darf in irgendeiner Form (durch
Photokopie, Mikrofilm oder ein anderes Verfahren)
ohne schriftliche Genehmigung des Verlages reproduziert
oder unter Verwendung elektronischer Systeme verarbeitet,
vervielfältigt oder verbreitet werden.

Lektorat: Peter E. Kalb

© 1990 Beltz Verlag · Weinheim und Basel
Herstellung (Desktop Publishing): Klaus Kaltenberg
Umschlaggestaltung: Schröder Grafik, 6720 Speyer,
unter Verwendung einer Zeichnung von Markus Olivieri
Zeichnungen: Markus Olivieri
Druck: Druckhaus Beltz, 6944 Hemsbach
Printed in Germany

ISBN 3 407 83105 6

Inhaltsverzeichnis

Huius libelli scriptores grammaticorum peritis salutem! 7

Ankunft im römischen Ferienlager 10

Prost Mahlzeit, der Kurs beginnt 12

Erster Tag: Schwerpunkte des Kursprogramms .. 16

Zweiter Tag: Übersetzungsmethodik – Wegweiser zur fehlerfreien Übersetzung 19

Dritter Tag: Weiter mit Übersetzungsmethodik .. 25

Vierter Tag: Übersetzungsmethodik als Konstruktionshilfe 29

Fünfter Tag: Übersetzungsmethodik auf dem Prüfstand 36

Sechster Tag: Angewandte Übersetzungsmethodik 42

Siebter Tag: Ruhetag 57

Achter Tag: Erkennen des aci 59

Neunter Tag: Der aci und die verschiedenen Infinitive 64

Zehnter Tag: Der aci und die Gleichzeitigkeit ... 67

Elfter Tag: Checkliste aci 70

Zwölfter Tag: Erkennungssignale für den aci ... 75

Dreizehnter Tag: Ein aci-Übungstag 78

Vierzehnter Tag: Zweiter Ruhetag 80

Fünfzehnter Tag: Von Zeiten und Zeitverhältnissen beim aci 82

Sechzehnter Tag: Das Letzte vom aci – seine Funktion im Satz 87

Siebzehnter Tag: Ein aci-Übungstag für Fortgeschrittene 91

Achtzehnter Tag: Vom aci zum nci 95

Neunzehnter Tag: Ein Akkusativ zuviel 98

Zwanzigster Tag: Der nci nach videri und dici .. 100

Einundzwanzigster Tag: Dritter Ruhetag 103

Zweiundzwanzigster Tag: Ein Wiedersehen mit den verba dicendi, sentiendi und cogitandi ... 104

Dreiundzwanzigster Tag: Der nci als Oberbefehlshaber 107

Vierundzwanzigster Tag: Das Gerundium 111

Fünfundzwanzigster Tag: Weitere Besonderheiten des Gerundiums 114

Sechsundzwanzigster Tag: Vom Gerundium zum Gerundivum 117

Siebenundzwanzigster Tag: CNG-Kongruenz ... 119

Achtundzwanzigster Tag: Vierter Tag 123

Neunundzwanzigster Tag: Das prädikative Gerundivum 126

Dreißigster Tag: Das unpersönliche Gerundivum 128

Einunddreißigster Tag: Schlußrunde mit Gerundium und Gerundivum 133

Zweiunddreißigster Tag: Das pc 136

Dreiunddreißigster Tag: Bildung und Übersetzung von Partizipien 138

Vierunddreißigster Tag: Zeitverhältnisse bei Partizipien 141

Fünfunddreißigster Tag: Fünfter Ruhetag 148

Sechsunddreißigster Tag: Übersetzungsmöglichkeiten des pc 149

Siebenunddreißigster Tag: Vom Sinn des pc 156

Achtunddreißigster Tag: abl abs 163

Neunundreißigster Tag: Übersetzungsmöglichkeiten des abl abs 173

Vierzigster Tag: Verschiedene Wortkombinationen beim abl abs 180

Einundvierzigster Tag: Das Letzte vom abl abs 184

Zweiundvierzigster Tag: Großer Reisetag 189

Huius libelli scriptores grammaticorum peritis salutem!

Facturine operae pretium simus, si linguae Latinae grammaticam perscripserimus, nec satis scimus nec si sciamus dicere ausimus, quippe qui cum veterem tum volgatam esse rem videamus, dum novi semper philologiae classicae periti aut ad rem comprehendendam magis idoneum aliquid allaturos se aut scribendi affabilitate veterem insulsitatem superaturos credunt. Utcumque erit, iuvabit tamen restinguendo otio, in quo lingua Latina apud multos discipulos est, pro virili parte et ipsos consuluisse. Et si in tanta scriptorum turba nostra fama in obscuro sit, nobilitate ac magnitudine eorum nos qui nomini officient nostro consolemur.

Si adhuc omnia bene comprehendisti, care lector, praestat te nunc desinere legere et deponere hunc libellum; nihil enim invenies, quin iam prius tibi notum fuerit. Insuper oratio nostra magis rudibus discipulorum quam philologorum elegantibus auribus accommodata est. Sin quamvis praemonitus tamen legere pergis, miserearis nostri neu, quod magis discipulorum adiuvandorum quam satiandorum grammaticorum causa breviter facilimeque ad intellegendum de linguae Latinae grammatica disseruimus, nobis obicias!

Ankunft im römischen Ferienlager

»Roma, hic Roma, omnes descendant!« So brüllt Praefectus, der Bahnhofsvorsteher, ein paarmal magna voce in sein Megaphon. Nun sind sie also endlich da – in Rom, der »Ewigen Stadt«.

»Die Fahrt dauerte ja eine Ewigkeit«, stöhnt Querula mit ihrer klagenden, weinerlichen Stimme. Quera, wie sie kurz genannt wird, macht ihrem Namen wieder mal alle Ehre.

»Vielleicht wird Rom deshalb ›die Ewige Stadt‹ genannt?« witzelt Callidus, der Erfahrene, den alle liebevoll Calli nennen.

Die kleine, emsige Inda, die eigentlich Industria heißt, schleppt gerade zwei Koffer an den Sammelplatz, als ihr jemand mit einem Koffer-Kuli in die Hacken fährt. »Aper hebes!« (Was soviel heißt wie »blöde Sau!«) rufen einige erzürnt. Sie können den ehrgeizigen Ambitiosus ohnehin nicht sehr gut leiden. Immer will er überall der Erste sein. Drum war er auch hier losgesaust wie ein wildgewordener Handfeger, damit er sein Gepäck nur ja als erster verladen kann. So ist er halt, Ambi, der Streber.

Der einzige, den das nicht stört, ist Somi. Er wandelt wie im Schlaf über den Bahnsteig und ictu (= Peng!) ist er gegen einen Pfosten geknallt, daß ihm Hören und Sehen vergehen. Dabei hat er immer noch seine audioutensilia (= »Hörgerätschaften« oder Walkman) auf den Ohren. Spötter meinen jedoch, daß Somnulus vor lauter Verträumtheit sowieso nichts sieht und hört.

Derweil macht Pictor sich an einem Plakat zu schaffen, auf dem in riesigen Lettern steht: »Macella maxima Romae« (macellum, -i, n. = der Fleischmarkt). Es war wahrscheinlich ein Werbefeldzug der größten Fleischer aus ganz Rom. Pictor malt einen riesigen Topf mit einem Henkel und macht aus dem »c« ein »t«, so daß nun auf dem Plakat zu lesen ist: »Matella maxima Romae« (matella, -ae, f. = Nachttopf). Auf solche Ideen kann nur einer kommen – eben Pici.

Annabella, kurz Bella, heißt nicht nur so, sondern sie ist es auch. Sie sitzt auf ihrem Koffer und schaut den Jünglingen nach. Es heißt auch von ihr, sie habe mehr junge Römer im Kopf als unregelmäßige Verben.

Die Letzte dieser fidelen Reisegruppe ist Oma, die mit vollem Namen »Male Ominata Verba« heißt (= unheilkündend). Und tatsächlich, sie beweist es wieder: »Nomen est omen.« Sie fuchtelt mit ihren Armen und zetert: »Ihr werdet sehen, wir sitzen morgen früh noch hier! Von wegen, tolle Organisation! Ich halte es für das beste, wieder nach Hause zu karren!«

Während sie noch so zetert, ertönt eine sonore Stimme: »Salvete, amici!«

Da steht er nun in seiner flotten Toga, an den Füßen die sportlichen Sandalen, großgewachsen und schlank, so um die 30 Jahre alt: Aquiloculus, das Adlerauge. Der Name paßt auf ihn wie die Faust aufs Auge. Denn Ali, wie er sich gern nennen läßt, schielt ein bißchen. Doch das hat nichts zu sagen. Denn bezeichnenderweise blickt Ali voll durch. Er begrüßt alle einzeln und kennt jede und jeden schon mit Namen. »Amici«, sagt er wieder, »me sequimini!«

Und so folgen sie ihm und besteigen vor dem Bahnhof seine Karre. Nach einer rasanten Fahrt kommen sie zum »Haus der Jugend«. Hier wollen sie die nächsten sechs Wochen verbringen und ihre Lateinkenntnisse verbessern – obwohl sie Ferien haben! Ihre Eltern hatten sie zu einem Ferienkurs angemeldet, für den Ali so in allen Zeitungen geworben hatte: »Hic discere delectat!«

»Na, wir werden sehen«, ist Callis ganzer Kommentar dazu.

Kaum haben sie das Haus betreten, suchen und fragen sie wild drauflos.

Bella: Wo ist denn die Disco?
Ambi: Hoffentlich finde ich gleich das Klassenzimmer!
Oma: Paßt nur auf, hier laufen bestimmt überall Mäuse rum.
Pici: Ubi est locus sordidus? (= Toilette)
Quera: Ist denn hier nirgendwo ein Telefon? Ich dachte, wir wären in Rom!?
Somi: Taugen die Matratzen was?
Inda: Soll ich im Speisesaal beim Tischdecken helfen?
Calli: Ach, dort ist ja die Tabula Nigra. Will mal sehen, wo und wie und was ...
Ali: Leniter, amici, leniter (= gemach!) Nach dem Abendessen werde ich euch alles zeigen.

Prost Mahlzeit, der Kurs beginnt

Ali: Nun, amici, nachdem ihr hoffentlich gut gespeist habt, möchte ich euch kurz erklären, was euch und uns in nächster Zeit erwartet. Wir haben jeden Tag nur eine Stunde Unterricht. Den Rest des Tages verbringen wir mit Speisen, Sport und Spiel.

Pici: Panem et circenses!

Ali: Capitulum acutum! (= Helles Köpfchen!) Ich sehe schon, wir verstehen uns. Also, im Unterricht werde ich euch solche folia (folium, i. n. = das Blättchen, die Folie) zeigen. Da findet ihr die wichtigsten Tips und Erklärungen oder Arbeitsanweisungen für eine Übersetzung. Das sind sozusagen die Knochen unserer Arbeit.

CHECKLISTE   A.c.I :

1. Den lat. Satz bis zum Ende lesen: Signalwörter stehen oft am Schluß.

2. Wenn ein Signalwort vorhanden: STOP ! ACHTUNG ! Ist hier ein A.c.I. als Objekt vorhanden, oder vielleicht nur ein einfaches Nomen ?

3. Suchphase: Wo ist die Konstruktion ? Wo ist der Infinitiv ? Wo ist der Akkusativ ?

4. Signalwort in seiner Zeit übersetzen; A.c.I.-Einleitung 'daß' sofort aufschreiben.

5. A.c.I. wird übersetzt: Mit dem Inf. anfangen, sofern nämlich mehrere Akkusative vorhanden sind, kann man oft schnell erkennen, welcher Akk. inhaltlich zum Inf. passt; das ist dann der Akk. des A.c.I.
Inf. ------▶ Präd. des dt. daß- Satzes; der Infinitiv Präsens muß so übersetzt werden, daß er zur selben Zeit geschieht wie Signalwort
Akk. ------▶ Subjekt des dt. daß- Satzes

6. Zum Schluß wird das Akk.- Objekt übersetzt, sofern eines im Satz vorhanden ist.

Quera: Wußte ich doch, daß Latein Knochenarbeit ist!
Oma: Grammatica Latina vexatio est! (vexatio, -onis, f. = Schinderei)
Ali: Keine Sorge, amici, heute abend will ich euch damit nicht mehr quälen.
Ambi: Moleste fero (= das verdrießt mich) ...
Ali: Wir haben ja noch sechs Wochen Zeit. Und damit ihr alles wirklich gut behalten könnt, spuckt euch mein Computer solche Übungsblätter aus:

```
Ersetze in den folgenden Sätzen das Prädikat durch ein
Gerundivum und übersetze dann!

Beispiel: Vocabula discuntur a discipulis.
         Vocabula discipulis discenda sunt.
         Die Vokabeln müssen von den Schülern gelernt werden.

1. Omnia a magistro explicantur (explicare= erklären).
2. Somnulus in schola a somno abstinetur.
3. Etiam in schola discipuli nonnumquam (=manchmal) delectantur.
4. Industria semper laudatur.
5. Vitia a magistro vitantur.
```

Pici: Magnifice, machina sputi! (= Großartig, eine Spuckmaschine!)
Ali: Wenn ihr diese Übungsblätter bearbeitet haben werdet ...
Somi: Futur Zwei!
Ali: ... wird euch Latein nicht mehr so schwerfallen, ihr werdet sehen!
Bella: Futur Eins.
Pici: Nulla quaestio! (Womit er soviel sagen wollte wie »Null problemo!«)
Inda: Und wie erfahren wir, ob wir auch alles richtig gemacht haben?

Ali: Dafür bekommt ihr schon jetzt ein ganzes Heft. Darin findet ihr für jedes Übungsblatt die Auflösung und Übersetzung.
Ambi: Kann ich die Lösungen auch bestimmt ganz schnell finden?
Ali: Festina lente (= Eile mit Weile!) Im Lösungsheft sind alle Auflösungen numeriert. Ihr müßt nur auf die Seitenzahl der Aufgaben- und Übungsblätter achten. Ich gehe davon aus, daß ihr eure Ergebnisse erst dann vergleicht, wenn ihr selber nachgedacht habt.
Somi: ... haben werdet!

Somi: Wirklich herrlich hier, im Gras liegen und ein bißchen träumen können.
Bella: Kein Latein –
Calli: Keine Noten –
Quera: Kein Pauken –
Pici: pax ubique! Ali:
   Hm, Latein kann ich euch nicht ersparen – vielleicht gelingt es aber, daß wir etwas Spaß daran finden ...
Oma: *Das* kann ja wohl nicht sein!
Ali: Vielleicht läßt sich doch auch bei Latein wenigstens irgendwo eine gute Seite finden – könnte man doch zumindest mal versuchen, oder? Somi:
   Ich versuch's doch jetzt schon seit Jahren und hab' noch nix gefunden –
Ali: Zuerst möchte ich mir jetzt einen Überblick verschaffen über die Themen, die ihr gerne wiederholen möchtet, weil sie euch am meisten unter den Nägeln brennen ...
Ambi: Warum sagst du nicht einfach, was wir wiederholen, du bist doch der Lehrer!
Ali: Das stimmt, ich bin der Lehrer. Aber was ihr wollt und für nötig haltet, das wißt ihr trotzdem besser als ich! Ich lege jetzt ein großes Blatt in die Mitte, da kann jeder von euch 2 Punkte draufschreiben, die ihm ganz wichtig sind, alles, was ihr wollt. Ich warte da drüben.
Ali: Hm ... dann gucken wir doch mal ... also, Grammatik steht ziemlich oft drauf ... guck' an: Ein Fußballfan ist auch dabei!
Pici: Gibt's hier auch einen Fußballverein?
Ali: Klar, zwei sogar, Juventus Peroni und Avanti Ravioli, aber die haben gerade Sommerpause! So, außer Grammatik steht hier noch öfter drauf ... Übersetzen üben!
Quera: Und wie soll man das denn üben? Übersetzen – das kann man oder man kann's nicht, basta!

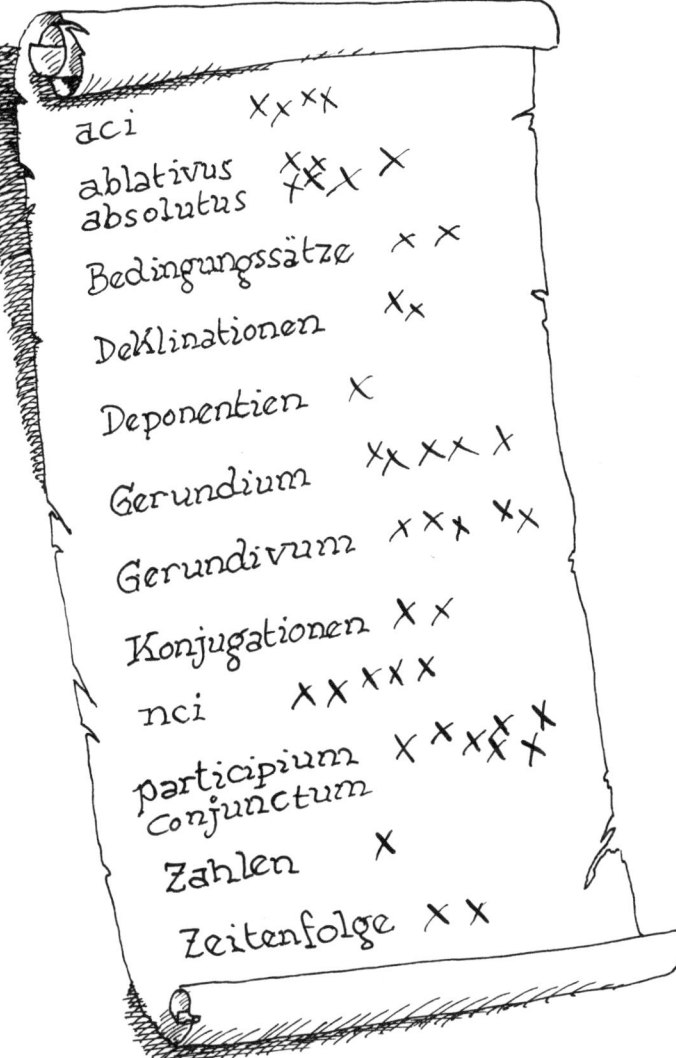

Bella: Nee, wieso denn? Man kann es doch auch durch Üben lernen!

Quera: Och Mensch, wenn du immer nur schlechte Noten schreibst, hast du auch keinen Nerv mehr zum Üben! Ich jedenfalls nicht!

Ali: Es gibt aber doch ein paar Hilfen, wenn man die beherrscht, kann man sich das Übersetzen noch ganz schön erleichtern. Grammatik gehört natürlich auch dazu, aber das habt ihr ebenfalls auf das Blatt geschrieben. Jetzt lege ich noch solch ein Blatt her, da stehen verschiedene Grammatikthemen drauf. Kreuzt diejenigen an, die euch am wichtigsten ...

Calli: Wieviele Kreuze kann jeder machen?

Ali: Jeder kann sechs Kreuzchen vergeben – aber lest die Liste zuerst ganz durch! Ich warte wieder da drüben!

Ali: Also, habt ihr alle eure Kreuzchen gemacht? Dann sag' uns gleich das Endergebnis, Ambitiosus!

Ambi: Am meisten gewünscht wurden der ablativus absolutus und das participium coniunctum, gefolgt von gerundium und gerundivum und aci mit nci.

Inda: Wie eine Hitliste! 'ne Grammatikhitliste!

Ali: Genau, und dazu kommt noch das Übersetzen ... damit wollen wir auch anfangen, das ist das Wichtigste ... da hatte ich doch auch'n paar Texte dabei ... Wo sind sie denn geblieben ...

Quera: Na klar – Texte übersetzen, Cicero, Caesar und die ganzen anderen alten Knacker, immer dasselbe Blablabla ...!

Zweiter Tag: Übersetzungsmethodik – Wegweiser zur fehlerfreien Übersetzung

Ali: Was haltet ihr von diesem Prospekt?

Inda: Wie? Sollen wir etwa mit so einem Prospekt Latein lernen?

Ali: Tja, ich dachte, ihr würdet gerne etwas anderes übersetzen – die üblichen Texte können wir doch immer noch machen! Laßt uns doch einfach anfangen und sehen, wie es uns gefällt!

Somi: Ich find's sowieso gut, ein bißchen Abwechslung!

Calli: Also ... also ... das is'ne Werbeanzeige oder so. ›Wie du auf sichere Weise in kurzer Zeit Millionär wirst!‹ So heißt die Überschrift!

Pici: Da steckt bestimmt ein homo fallax (= Gauner) dahinter.

Carissime Lector!
Homines semper divitias optabant.
Sed semper viam falsam diligebant
velut ille Midas infortunatus:
Fabula tibi ignota est? Nunc audi!

(nach Ovid)

Cum Bacchus, deus vini, olim cum Sileno, amico suo, iter in Indiam faceret, ille Silenus, quod nimis vini potaverat, a via aberravit.

Postquam Midas, rex Phrygum, eum non solum hospitio accepit sed etiam per decem dies festum egit, Sileno ducem dedit, ut eum ad Bacchum reduceret.

Bacchus, quod de reditu amici valde laetus erat, Midae concedit, ut a se peteret, quidquid rex cuperet.

Midas, cum auri valde avidus esset, a Baccho petivit, ut omnia, quae tetigisset, aurum fierent.

Domi Midas pomum ab arbore dempsit: pomum subito aureum factum est. Tum virgam arbore detraxit: Virga quoque aurea facta est. Tandem Midas saxum sustulit: etiam saxum auro splenduit.

Cum Midas autem, qui fame vexabatur, cenare in animo haberet, et servis imperaret, ut epulas apportarent, eae quoque aurum factae sunt, ubi primum a rege tactae sunt.

Midas nunc cito odit, quae modo cupiverat et manus ad caelum sustulit, cum non solum peccatum suum concederet sed etiam a Baccho petere vellet, ut veniam det seque pernicioso dono liberet.

Cum Midas iussu Bacchi in flumine Pactolo ablutus esset, vis aurea tandem de humano corpore cessit in amnem, qui ab eo tempore praeclarus est auro, quod ibi inveniri potest.

Ali: Wer fängt an, den ersten Teil zu übersetzen?
Inda: Ich probier's! Die Menschen wünschten sich immer Reichtümer. Aber sie wählten stets den falschen Weg, wie z.B. jener ... unglückliche ... Midas: Ist dir die Geschichte unbekannt? Nun, höre!
Ali: Alle Achtung – wenn es in der Art weitergeht, können wir uns nicht beklagen!
Pici: Na gut, aber bisher waren die Sätze auch alle ziemlich kurz, da ist Übersetzen nicht soooo schwer, und die Wörter waren auch alle easy!
Quera: Genau, wenn Bandwurmsätze da stehen, dann kommen die dicken Fehler!
Somi: Dann laßt uns doch mal Pause machen!
Ambi: Kannst ja wieder fahren, wenn es dir hier nicht paßt!

Inda: Ich lese den Satz nochmals durch:

> Cum Bacchus, deus vini, olim cum Sileno, amico suo, iter in Indiam faceret, ille Silenus, quod nimis vini potaverat, a via aberravit.

Calli: Was heißt denn ›iter‹?
Ali: iter facere ist ein Ausdruck, wer weiß die Bedeutung?
Bella: Stimmt, stimmt, eine Reise machen! Silenus ist ein Eigenname?
Ali: Ja.
Inda: a via aberrare, vom Weg abkommen.
Calli: Heißt das soviel wie ›sich verlaufen‹?
Ali: Ja, das geht sogar recht gut.
Pici: Sich verlaufen geht recht gut – hahaha!
Somi: Hahaha!
Bella: Jetzt ist mir alles klar!
Inda: Weil Bacchus, der Gott des Weines, einstmals mit seinem Freund Silenus zusammen eine Reise machte ... nach Indien ... hat jener Silenus ... zu viel ... getrunken und hat sich verlaufen.
Pici: Also, ich blick's nicht mehr, das ist mir zu schnell gewesen.
Ali: Ja, das war recht flott; vieles war zwar richtig, aber es war auch eine nicht so gute Stelle dabei ...
Bella: Hört sich aber alles gut an!

Ali: Wir sehen uns den Satz und die Übersetzung gleich gemeinsam an. Betrachtet bitte diesen Baum dort, den da, links – und dann diesen dort, ein wenig weiter rechts. Vergleicht doch die beiden Baumstämme und sagt mir den auffälligsten Unterschied!

Quera: Bin ich hier, um Latein zu lernen oder um Tarzan zu spielen?

Ali: Sucht nur den Unterschied, und ihr werdet ganz schnell entdecken, was das mit lateinischen Sätzen zu tun hat.

Calli: Bei dem linken Baum dort sehe ich den Stamm ganz deutlich bis oben hin.

Ali: Exakt! Und was fällt dir an dem rechten Baum auf?

Pici: Canem mingentem video. (Mingere = pinkeln)

Inda: Bei dem Baum rechts kann man den Stamm nicht so eindeutig erkennen und von den Ästen trennen, weil er sich weiter unten schon in dickere Äste spaltet.

Ali: Schön! Und ganz genauso ist es auch mit den lateinischen Sätzen: Manchmal kann man den Hauptsatz einwandfrei vom Anfang bis zum Ende erkennen. Genauso die abhängigen Nebensätze – wie die Äste beim Baum. Bei anderen Sätzen erkennt man Haupt- und Nebensätze nicht auf den ersten Blick, sondern muß genau hinsehen und suchen; logischerweise können einem bei den schwer zu überblickenden Sätzen mehr Übersetzungsfehler unterlaufen.

Oma: Na prima! Und weiter? Bäume nützen mir nichts beim Übersetzen!

Ali: Hm, das ist natürlich richtig. Man muß sich *vor* dem Übersetzen über HS und NS (Hauptsätze und Nebensätze) klar werden. Und das tut man am sichersten mit einer Satzanalyse.

Quera: Du lieber Barbar! Was ist denn das schon wieder?

Ali: Der Satz wird zuerst in seine Bestandteile zerlegt – HS und NS werden gesucht und dann in eine Tabelle mit Zahlen eingetragen. Ich lege hier mal so eine Tabelle hin – wir suchen jetzt zuerst den Hauptsatz und tragen den dann ein. So – sucht jetzt bitte den gesamten HS!

Calli: Na, das Subjekt ille Silenus ... und dann am Satzende weiter a via aberravit.

Ali: Und dazwischen?

Inda: Ein NS, das kann man an quod sehen, das leitet einen NS ein, meistens zumindest.

Ali: So, und jetzt aufgepaßt: Der HS wird in die Tabelle unter der Zahl 1 eingetragen, denn der HS ist der wichtigste Satz. Oben lasse ich ein wenig Platz, weil ja vor dem HS etwas steht, und das muß auch noch eingetragen werden.

Quera: Und weshalb bleibt zwischen den beiden Zeilen des HS Platz?

1	2
ille Silenus	
a	aberravit

Calli: Da gehört sicherlich der quod-Satz hin, der im HS steht!

Ali: Genau, gut! Wird der quod-Satz nun auch unter der Nummer 1 eingetragen?

Ambi: Wenn die 1 für den HS reserviert ist, kriegt der quod-Satz wahrscheinlich die 2!

Inda: Und dann fehlt auch noch der Anfang – das ist ein NS von cum bis faceret.

1	2
ille Silenus	
	quod........potaverat
a........	........aberravit

Ali: Woher weißt du, daß das ein NS ist?

Inda: Weil cum einen NS einleitet, außerdem steht das Prädikat faceret im Konjunktiv.

Ali: Schön – und an welche Stelle gehört nun dieser NS?

Inda: Als Nebensatz wohl auch unter die 2. Allerdings oberhalb vom HS, der kommt im Satz weiter hinten.

1	2
	Cum........faceret
ille Silenus	
	quod........potaverat
a........	........aberravit

Ali: So ist es. Um ganz sicher zu gehen, beim Übersetzen auf die NS gut aufzupassen, wollen wir die Verbindungswörter zusätzlich durch einen Kreis deutlich machen.

> 1 2
> (Als) Bacchus, der Gott des Weines einst mit Silenus, seinem Freund, eine Reise nach Indien machte, hat jener Silenus, (weil) er zu viel Wein getrunken hatte, sich verlaufen.

Ambi: Das wären cum und quod. Und die nennt man genauer doch Unterordnungen, oder?
Ali: Stimmt, kannst du erklären, weshalb?
Ambi: Weil mit ihnen ein Nebensatz an einen Hauptsatz oder an einen anderen Nebensatz angeschlossen wird, und NS ist abhängig von HS.
Ali: Ja. Dann müßten wir den Satz noch einmal übersetzen ... Willst du selber, Anabella?
Bella: Gut ... ich fange mit dem HS an:
Jener Silenus ... hat sich verlaufen, dann der NS dazwischen: weil er zu viel Wein getrunken hatte. Ich glaube, da lag vorhin der Fehler – das war gar kein NS bei mir. Nun noch der Rest am Anfang: als Bacchus, der Gott des Weines, einst mit Silenus, seinem Freund, eine Reise nach Indien machte ...
Ali: Das hast du jetzt so schön ›passend‹ übersetzt, daß es analog zum lateinischen Satz in so ein Zahlenschema eingetragen werden kann. Und damit wäre es für heute geschafft!

Dritter Tag: Weiter mit Übersetzungsmethodik

> Postquam Midas, rex Phrygum, eum non solum hospitio accepit sed etiam per decem dies festum egit, Sileno ducem dedit ut eum ad Bacchum reduceret.

Ali: So –
Somi: Ja?
Ali: Kommen wir zum zweiten Satz –
Somi: Wer ist Midas?
Ali: Midas ist, das heißt, war ein König.
Pici: Und Phrygum der erste Kaugummi!
Ali: Phryges sind die Phryger.
Bella: Hospitio und hospem – haben die beiden was miteinander zu tun?
Inda: Hospitium heißt etwa Gastfreundschaft ...
Ali: ... und hospes, itis, m heißt entweder der Gast oder der Gastgeber.
Somi: Und jetzt kommt wieder so eine Brösel-Analyse?
Ali: Was für eine Analyse?
Somi: 'ne Brösel-Analyse.
Pici: Kann man das essen?
Somi: Fast. So heißt das bei uns, wenn man etwas zerkleinert; für Kuchen-Krümel sagt man auch Kuchen-Brösel. Und was wir mit den Sätzen und Zahlen tun ...
Quera: Ach sooo –
Somi: Auwauwau – aber ich garantiere für gar nix. Also, am Anfang steht gleich ein NS, das kann man an postquam gut erkennen, und der geht bis – accepit.
Ambi: Nee, der geht noch weiter, bis ›egit‹.
Somi: Wieso?
Ambi: non solum ... sed etiam gehört zusammen, das heißt: nicht nur, sondern auch, und da kann nicht vorne ein NS stehen und hinten ein HS, sondern non solum ... sed etiam verbindet vorne und hinten immer nur Gleichartiges.

Ali:	Weißt du auch, wie diese Verbindungswörter heißen?
Ambi:	Beiordnungen, weil sie eben immer gleichartige Sätze auf der gleichen Ebene verbinden.
Somi:	Aha – na gut. Dann muß dieser NS in die Tabelle eingetragen werden unter der Zahl 2, weil es ein NS ist, und postquam müßte umrandet werden als Unterordnung.
Inda:	Eigentlich müßte doch eine Beiordnung dann auch besonders kenntlich gemacht werden, weil man auf sie beim Übersetzen genauso achten muß wie auf eine Unterordnung, oder?
Ali:	Richtig, Industria! Hat jemand einen Vorschlag, welches Kennzeichen wir für die Beiordnung nehmen wollen?
Pici:	Wenn wir einen runden Kreis für die Unterordnungen haben, nehmen wir doch einen viereckigen Kasten für die Beiordnungen!
Ali:	Das ist eine gute Idee. Dann tragen wir den NS an der richtigen Nummer ein und machen Unter- und Beiordnungen jeweils deutlich.
Somi:	Der Rest vom Satz ist jetzt leicht: Ganz am Ende steht ein NS, der mit ut eingeleitet wird, der müßte dann wieder an die Nummer 2 geschrieben werden und um ut einen Kreis bekommen; tja, und eigentlich müßte dann der Rest Sileno ducem dedit der HS sein und an die Stelle 1 kommen.
Ali:	Genau, und so kannst du es auch eintragen!
Calli:	Kann ich übersetzen?
Ali:	Gerne, Callide.
Calli:	Ich fange mit dem HS in der Mitte an: Er, sie, es gab dem Silenus einen Führer. Dann der ut-Satz danach: damit er zurückführte, wen? ihn, wohin? zu Bacchus. Das schreibe ich jetzt zuerst auf.
Ali:	Mach das; was man hat, hat man.

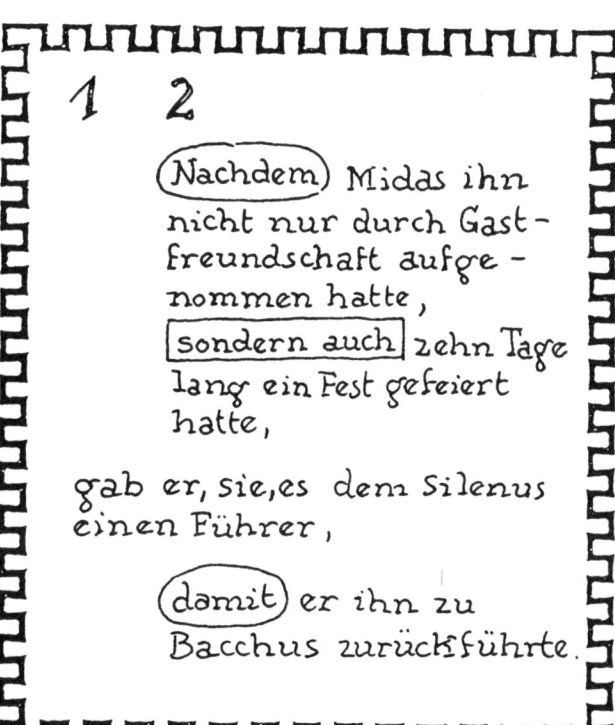

Calli: So! Nun der Anfang: Nachdem Midas, der König der Phryger. Und jetzt kommt die Beiordnung, d.h. in diesem Fall 2 NS, die von postquam abhängen: Nr. 1: Nachdem Midas nicht nur aufgenommen hatte, wen? ihn wie? durch Gastfreundschaft. Das schreibe ich auch erst auf.

Ali: Dann fehlt noch Nr. 2 der Beiordnung.

Calli: ... sondern auch ein Fest gefeiert hatte, wie lange? Zehn Tage lang.

Ali: Prima. Damit haben wir die komplette und richtige Übersetzung von dem Satz. Ich möchte jetzt noch einmal genau wissen, was eine Unterordnung und was eine Beiordnung ist.

Inda: Unterordnungen schließen einen Nebensatz an einen Hauptsatz oder an einen anderen Nebensatz an ...

Ambi: ... und Beiordnungen verbinden gleichartige Sätze, entweder zwei Hauptsätze oder zwei Nebensätze.

	HS	HS	NS	NS	
Beiordnung Möglichkeit I	X	X			et neque non solum .... sed etiam
Beiordnung Möglichkeit II			X	X	aut .... aut atque cum .... tum
Unterordnung	X	X			ut ne ut non cum si quod postquam qui quae quod
Unterordnung			X	X	

27

Ali: Genau, und das schreiben wir auf und suchen dazu einige Beispiele ... ich meine, für Unter- und Beiordnungen.
Pici: Mensch ... 'n zehntägiges Fest ... veranstalten wir auch mal ein Fest?
Bella: Disco wäre mir lieber.
Pici: Eine, in der Rohrpostix abgeht.
Ali: Machen wir demnächst. Dann gehen wir in die »Katakombe«. Da soll immer was los sein. Aber jetzt schreiben wir noch flott etwas auf zu den Beiordnungen, und dann dürfte für heute auch Schluß sein ...

Vierter Tag: Übersetzungsmethodik als Konstruktionshilfe

Heute soll der Unterricht im Klassenzimmer stattfinden. Ali kommt herein, doch niemand ist da. Nur an der Tafel findet er diesen Spruch:

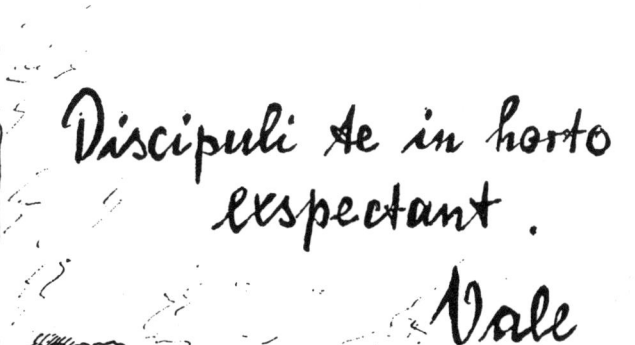

Ali: Aha, sind sie gleich rausgegangen, na, ist mir recht. Schöner lateinischer Satz. Dann will ich mal hinterher ...

Bella: Hallo, Ali, na, hast du unseren Satz entziffern können?

Ali: Wie du siehst ...

Ambi: Machen wir heute mit den Brösel-Analysen weiter?

Ali: Ja, habt ihr die Prospekte wieder dabei? So, könnte vielleicht jemand vorher noch einmal kurz die Geschichte zusammenfassen, damit wir ungefähr wissen, was mit dem Midas schon passiert war?

Quera: Also: Bacchus und sein Freund Silenus haben eine Reise gemacht, und eines Tages hatte Silenus so viel Wein getrunken, daß er am nächsten Tag beim Laufen völlig fertig war und sich verirrt hat.

Inda: Und der König Midas hat ihn getroffen, dann haben sie gleich noch mal ein Mords-Fest von 10 Tagen gefeiert, und dann hat Midas den Silenus mit einem Führer zu Bacchus zurückbringen lassen.

Ali: Schön – dann setzen wir nun mit dem dritten Satz wieder ein. Lies doch bitte vor, Ambitiosus.

> Bacchus, quod de reditu amici valde laetus erat,
> Midae concedit, ut a se peteret, quidquid rex cuperet.

Ali: Was meint ihr, wo der HS steht?

```
  1       2
Bacchus
        Midae concedit
```

```
  1       2           3
Bacchus
    (quod)..............erat
        Midae concedit
            (ut).........peteret
                (quidquid)....cuperet
```

Calli: Ich würde sagen, gleich am Anfang geht er los, das kann man danach an dem quod sehen. Der HS geht danach weiter von ... Midae bis ... concedit. Danach kommen nur noch ... Nebensätze. Den HS kann man eintragen oben mit Bacchus, bißchen Platz lassen, dann Midae concedit.

Ali: Gut! Was kommt in die Lücke zwischen den beiden HS-Teilen?

Bella: Na, der quod-Satz, und zwar an die Nummer 2!

Ali: In Ordnung – fehlt noch der Schluß!

Calli: Ja, das ist ein bißchen komisch: Der ut-Satz kommt unter den HS an die Stelle 2, der hängt ja auch von dem HS ab ...

Ali: Und was ist da komisch?

Calli: Weil man doch den letzten NS eigentlich nicht genauso eintragen kann.

Quera: Wieso denn nicht?

Calli: quidquid rex cuperet ist doch nicht vom HS abhängig, oder?

Ali: Du hast recht ... wovon aber dann?

Calli: Ich würde sagen, eher von dem NS, der davor steht.

Ali: Hmmm – wenn HS die Stelle 1 bekommen, NS, die von HS abhängen, die Stelle 2 – was werden NS, die von NS abhängen, für eine Nummer erhalten?

Inda: Die 3!

Ali: Genau, und so tragen wir die NS jetzt auch in das Schema ein! Sagt mir bitte noch die Unterordnungen, die umrandet werden müssen!

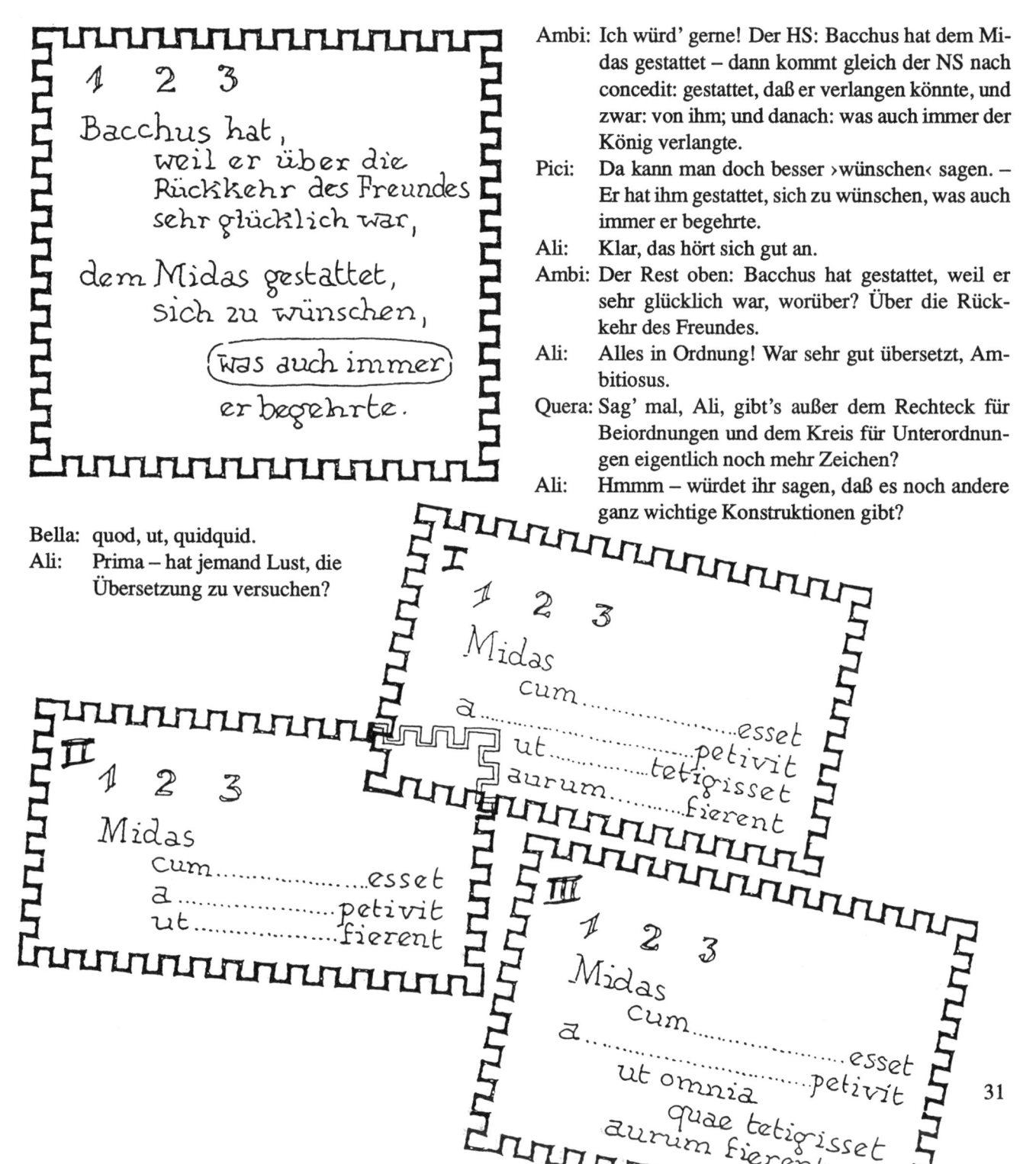

Calli: Ja klar – die, die wir schon ganz zu Anfang aufgeschrieben haben, participium coniunctum und gerundium und so ... die sind wichtig!

Ali: Na seht ihr – und genau für die gibt es auch eigene Signale, weil man auf sie besonders aufpassen muß. Aber die sage ich euch nicht schon jetzt, das besprechen wir bei den jeweiligen Grammatikkapiteln, ok?

Quera: Gut, gut – jetzt machen wir weiter, Mensch, sonst werden wir mit der dämlichen Geschichte nie mehr fertig!

Ali: Na, dann guckt einmal her: Zum nächsten Satz gebe ich euch gleich drei verschiedene Satzanalysen – aber nur eine davon ist richtig. Zuerst sucht ihr also die richtige Analyse heraus, dann tragt ihr alle Signale darin ein, und dann übersetzen wir!

Pici: Ich würde sagen, die Nummer III ist richtig.

Ali: Weshalb nicht die Nummer I?

Calli: Weil dort der quae-Satz fehlt, ziemlich am Ende vom Satz.

Ali: Ja, und weshalb stimmt die Nummer II nicht?

Bella: Da fehlt auch dieser Relativsatz und – der zweite Teil vom HS ist an der falschen Stelle eingetragen, der gehört zu 1 und nicht zu 2!

Ali: Prima! Dann laßt uns noch die Signale eintragen, ... würdest du das übernehmen, Industria?

Inda: Unterordnungen gibt es drei, nämlich: cum, ut und quae ..., Beiordnungen sehe ich in dem Satz keine. Die drei Worte werden also umrandet, sonst nichts.

Ali: Schön; nun sagt mir doch auch, ob ihr in diesem Brösel-Schema etwas Neues seht, etwas, das wir bisher noch nicht so oft in dieser Form hatten.

Somi: Diesmal geht's weiter!

Ali: ?? Wieso, es ging doch immer weiter?

Somi: Neeee, ich meine, diesmal gibt es in dem Schema auch 'ne Nummer 3, bisher ging es meist nur bis 2.

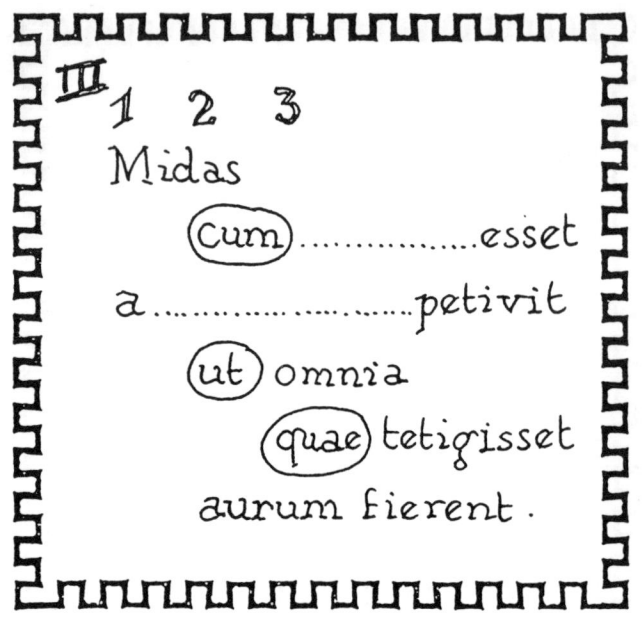

Ali: Ach so, ja klar – jetzt kapiere ich. Was bedeutet es, wenn die Nummer 3 besetzt ist?

Calli: Da gibt es einen NS, der von 'nem anderen NS abhängt. In unserem Satz steht der quae-Satz ja innerhalb eines ut-Satzes. Und die 1 hat der HS.

Ali: Einwandfrei. Dann laßt uns übersetzen ...

Quera: Kann das sein, daß ich da noch ein paar Vokabeln fragen muß?

Bella: Es kann, es kann!

Quera: avidus, a, um, tetigerat und fiebat.

Ambi: avidus, a, um heißt: gierig ... und worauf man gierig ist, steht im Genitiv.

Inda: tetigerat kommt von tangere = berühren.

Ambi: Und fiebat von fieri = werden, gemacht werden. Dann fang' ich doch am besten mal an. Also, der HS: Midas hat von Bacchus erbeten ... Dann geht es gleich weiter mit ›daß‹ – Prädikat dazu ist fiebat. ... daß sie werden oder gemacht werden ... Subjekt müßte dazu dann Nominativ Plural sein. Tja, wo ist es aber nur?

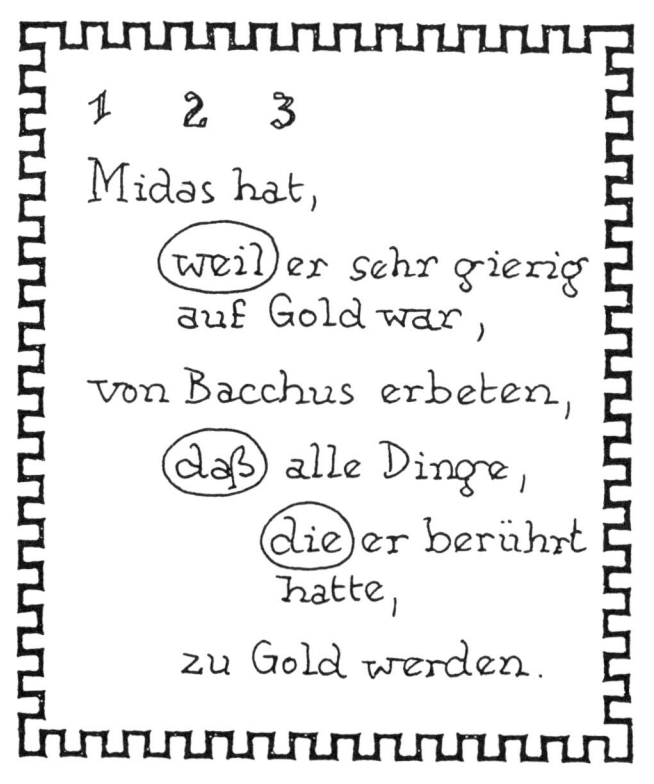

Calli: ›omnia‹, das ist der Nominativ Plural im Neutrum: Alles oder ...
Pici: Nichts!
Calli: ... alle Dinge.
Ambi: ... daß alle Dinge gemacht werden. Wozu? Zu Gold. Um welche Dinge geht es? – Alle Dinge, die er berührt hatte ...
Ali: Fehlt nur noch oben der cum-Satz ...
Quera: ... Midas hat das erbeten, weil er sehr gierig war, worauf? Das muß im Genitiv stehen, also auri: weil er sehr begierig auf Gold war.
Ali: Das war gut, Querula, danke ... Ich muß sagen, das klappt recht gut ... Den nächsten Satz wird jeder für sich übersetzen, wobei ihr euch ruhig leise untereinander absprechen könnt. Ich denke, viel mehr Zeit als zehn Minuten werdet ihr nicht brauchen ...
Somi: So lange brauche ich schon alleine, um unbekannte Wörter rauszukriegen! Und dann ist noch kein Wort übersetzt!
Ali: Wenn du auf dieses Blatt hier schaust – da stehen alle Wörter drauf, die unbekannt sein könnten – bereits mit Übersetzung!

pomum, i, n: Apfel
demere, o, dempsi, demptus: pflücken
virga, ae: Zweig
detrahere, o, traxi, tractus: abbrechen

saxum, i, n: Steinbrocken
splendere, eo, (ui): strahlen, glänzen, (er)strahlen
tollere, tollo, sustuli, sublatus: hochheben

Somi: Hach nein, ist das nett!
Inda: Nun sag' mal, Ali, die Sätze hier sind doch immer recht kurz – muß man denn da auch 'ne Brösel-Analyse machen?
Calli: Nee, Mann! Nur wenn die Sätze zu lang werden, sonst hat man Arbeit, die eigentlich gar nicht nötig ist!
Ali: Find' ich auch: Wenn man's brauchen kann, ist es gut, geht's ohne, auch gut.
Calli: Also: Zu Hause pflückte Midas ... einen Apfel vom Baum. Der Apfel wurde sofort zu Gold.
Inda: Dann brach er einen Zweig vom Baum ab; auch der Zweig ist zu Gold gemacht worden ...
Pici: Zuletzt hob der glückliche Midas einen ... Steinbrocken auf; sogar der Stein ... glänzte von Gold.
Ali: Gut, das ging flott. Nun teilt ihr euch in zwei Gruppen und bearbeitet die beiden nächsten Sätze komplett, d.h. es wird eine Satzanalyse erstellt, alle Unter- und Beiordnungen werden kenntlich gemacht und beide Sätze weiter übersetzt.
Ambi: Und wie ist das mit Vokabeln, die wir nicht wissen?
Ali: Beide Gruppen bekommen wieder ein Blatt, auf das ich alle möglicherweise unbekannten Vokabeln geschrieben habe. Ich bin auch in der Nähe, weil ich von Gruppe zu Gruppe gehe.
Somi: Müssen wir direkt hier bleiben? Oder können wir uns ein ruhiges Eckchen suchen ... ich meine wegen der Konzentration und so ...
Ali: Verstehe vollkommen, Somnulus. Ihr könnt euch irgendwo im Park einen Platz suchen.
Somi: Ok. Alles Paletti.
Ali: Ich gebe euch schon mal die Blätter mit den Sätzen und Wortangaben. Fangt heute damit an – und denkt daran – um 12 Uhr ist Mittagessen.
Pici: Ich habe jetzt schon eine fames violenta (= Bärenhunger).

Fünfter Tag: Übersetzungsmethodik auf dem Prüfstand

> Cum Midas autem, qui fame vexabatur, cenare in animo haberet et servis imperaret, ut epulas apportarent, eae quoque aurum factae sunt, ubi primum a rege tactae sunt.
>
> * fames, is, f : Hunger
> * vexare : quälen
> * epulae, arum : Essen, Speisen
> * ubi primum (mit Ind. Perf.) : sobald
> * tangere, o, tetigi, tactus : berühren

Heute hocken alle schon eifrig über ihren Aufgabenblättern.

Ali: Na, wie geht's? Kommt ihr mit den Sätzen zurecht?
Quera: Nun mach mal halblang! Wir haben gerade angefangen mit dem ersten!
Ambi: Warst du auch schon bei der anderen Gruppe?
Ali: Nein, aber wenn hier alles klar ist, gehe ich langsam zu den anderen hinüber.
Inda: Och, ich glaube, wir kommen schon zurecht.
Ali: Gut, dann bis später!

Die andere Gruppe arbeitet schon am zweiten Satz (siehe auf Seite 37 oben). Nur Somi – schläft. Und, wer hätte das gedacht, sogar Calli schnarcht leise vor sich hin.

Ali: Nur damit ihr Bescheid wißt, das Abluvium liegt im Erdgeschoß, der Küchendienst fängt um XII Uhr an! Ihr Schlafmützen!!
Calli: Au, Ali, ich glaub', das siehst du falsch: Ich habe gerade intensiv über den Satz nachgedacht.
Somi: Genau, und ich hab' ihm dabei geholfen! Der ist nämlich echt schwer, der Satz. Wirklich.

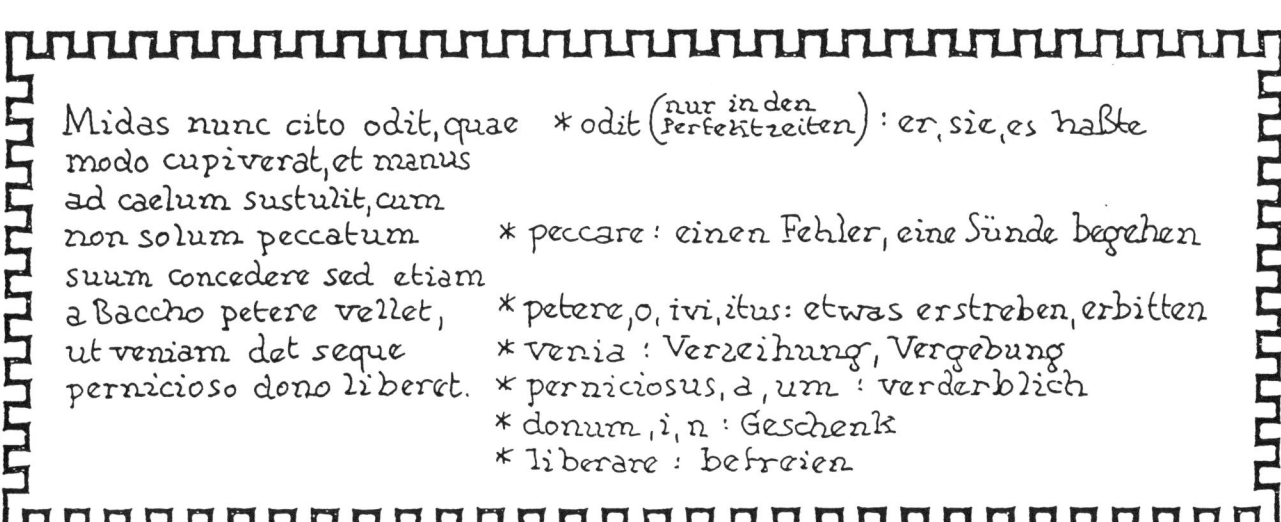

Midas nunc cito odit, quae modo cupiverat, et manus ad caelum sustulit, cum non solum peccatum suum concedere sed etiam a Baccho petere vellet, ut veniam det seque pernicioso dono liberet.

* odit (nur in den Perfektzeiten): er, sie, es haßte
* peccare: einen Fehler, eine Sünde begehen
* petere, o, ivi, itus: etwas erstreben, erbitten
* venia: Verzeihung, Vergebung
* perniciosus, a, um: verderblich
* donum, i, n: Geschenk
* liberare: befreien

Doch nach einer Viertelstunde kommen alle brav mit ihren Ergebnissen zusammen.

Quera: Wer soll denn anfangen? Etwa die anderen?

Inda: Wir könnten doch unsere Bröseleien nebeneinander legen und dann vergleichen.

Bella: Ja, das ist gut – beginnen wir mit dem ersten Satz:

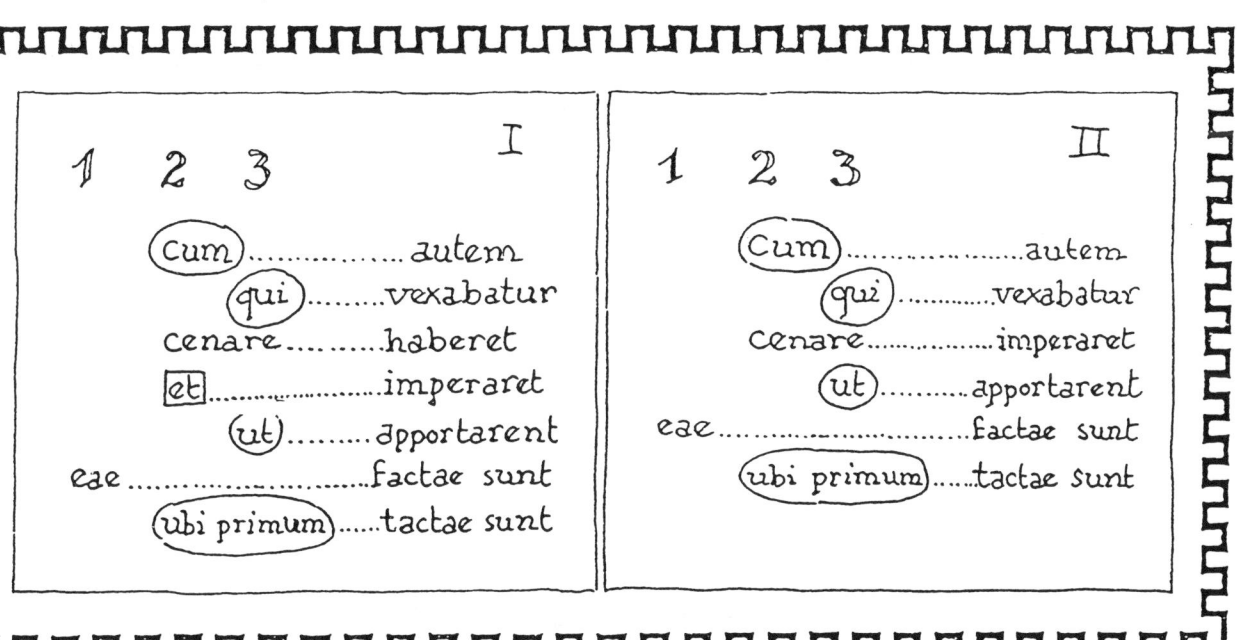

Calli: Ist ja fast alles gleich ... da, in der Mitte, da fehlt bei uns was ... die haben da eine ... Beiordnung ... das ist das et; richtig, die müßte bei uns noch mit rein.

Ali: Das stimmt. Ansonsten ist aber alles richtig, und der Satz müßte nur noch übersetzt werden. Übernimm das doch bitte, Pictor.

Pici: Als Midas jedoch, der von Hunger gepeinigt wurde, im Sinn hatte zu speisen und den Sklaven befahl, daß sie Speisen herbeibringen, sind auch diese zu Gold gemacht worden, sobald sie vom König berührt worden waren.

Ali: Das war richtig – habt ihr euch die Übersetzung genauso überlegt gehabt, Ambitiosus?

Ambi: Ja, nur anstelle von ›im Sinne hatte zu speisen‹ kann man doch auch sagen: ›speisen wollte‹?

Ali: Natürlich. Sonst gibt es keine Fragen? Dann laßt uns gleich weiter gehen ...

Somi: Legen wir unsere Lösungen wieder zum Vergleichen nebeneinander ...

Calli: Da hab' ich jetzt gleich mal eine Frage: Wenn ich eine Beiordnung erkenne und das Rechteck eingetragen habe: Muß man dann noch extra vor und hinter dem Rechteck die Sätze aufschreiben, die beigeordnet werden? Eigentlich ist das dann doch überflüssig.

Ali: Du meinst, weil die eine Gruppe es hingeschrieben hat, ihr habt es nicht extra hingeschrieben, sondern bei dem Rechteck bewenden lassen.

Calli: Ja, genau.

Ali: Was meinen die anderen?

Inda: Also, den ganzen Satz, oder besser beide ganze Sätze noch mal hinzuschreiben, das finde ich auch ein bißchen übertrieben. Ich schreibe immer noch die beiden Prädikate dazu, weil die am wichtigsten sind, und das reicht, um mich beim Übersetzen zu erinnern, daß da eben zwei komplette Sätze übersetzt werden müssen.

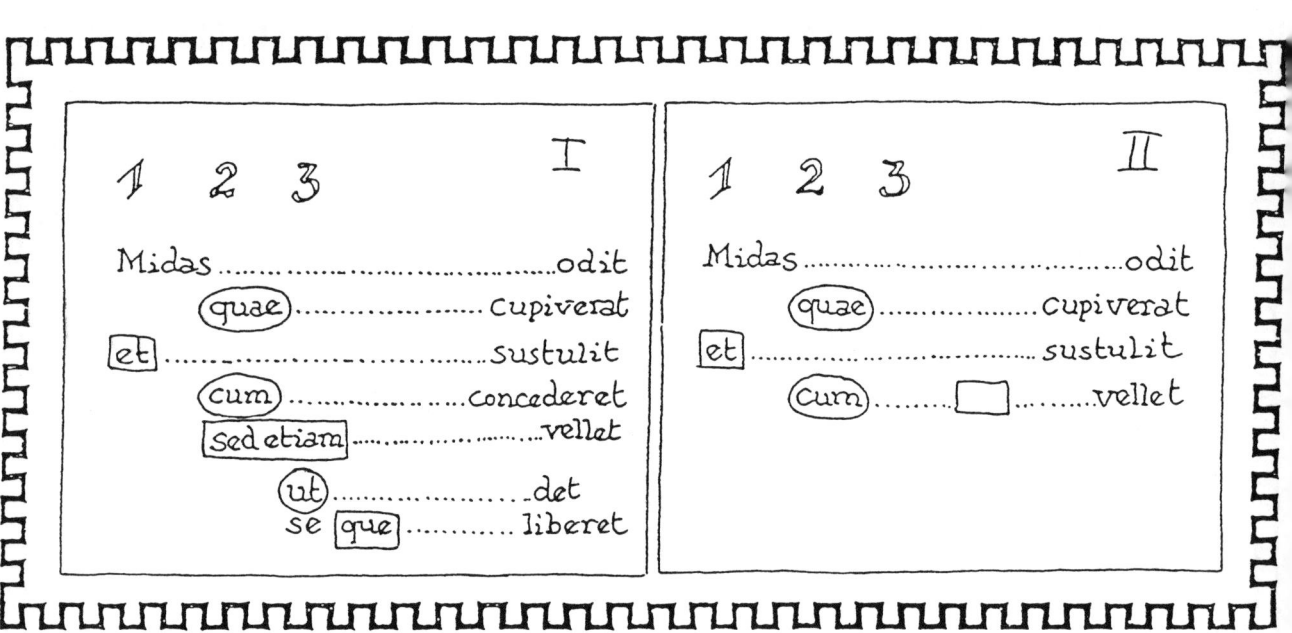

Ali: So würde ich auch sagen. Wer sich beide Sätze ganz dazuschreibt oder nur die Prädikate, geht auf Nummer Sicher, es geht bestimmt auch alleine mit dem Rechteck. Sonst ist alles richtig, dann könnten wir ...

Ambi: Momentchen mal, bitte, ja? Kann das sein, daß die Gruppe von Brösel da unten den letzten ›ut-Satz‹ nicht eingetragen hat?

Ali: Sag' bloß, das habe ich übersehen! Mensch, ja – das fehlt bei der einen Gruppe und muß natürlich dazu! Nemo perfectus est! Tut mir leid!

Somi: Wie wär's denn mit Küchendienst? Fängt um 12 Uhr an, abluvium liegt im Erdgeschoß!

Ali: Also, Junge, Junge, ihr seid aber ganz schön streng, bei euch möchte ich als Schüler echt keinen Unterricht haben! Aber abgemacht, ich bin beim Küchendienst heute dabei!
Jetzt geht's aber mit der Übersetzung weiter.

Inda: Midas haßte nun schnell, was er eben noch gewünscht hatte, und streckte die Hände zum Himmel, weil er nicht nur ... seinen Fehler eingestand ... sondern auch von Bacchus erbitten wollte, daß er Verzeihung gewährte und ihn befreite von dem verhängnisvollen Geschenk.

Ali: War richtig übersetzt, Industria – hat jemand eine Frage dazu?
Dann beenden wir den Text mit dem letzten Satz.

---

iussu : auf Befehl

Pactolus : Flußname i.d. Türkei

abluere, o,   : reinigen
ablui, ablutus   abwaschen

amnis, is, m : Fluß, Strom

invenire, io : erfinden, finden
inveni, ventus   entdecken

Ali: Da habe ich euch die wichtigsten Vokabeln wieder auf ein Blatt geschrieben – sind noch andere Wörter unbekannt?

Bella: Von welchem Infinitiv kommt denn das Verb cessit?

Ambi: Von cedere – gehen, weichen.

Ali: Genau; wenn sonst alles bekannt ist, gehen wir an die Bröselei: Wo sind die HS und NS?

Cum Midas iussu Bacchi in flumine Pactolo ablutus esset, vis aurea tandem de humano corpore cessit in amnem, qui ab eo tempore praeclarus est auro, quod ibi inveniri potest.

Calli: Also, ich würde sagen, der HS geht von: vis aurea bis: in amnem, davor steht ein Nebensatz, der kommt an die Stelle 2, und nach dem Hauptsatz kommen noch zwei NS, an den Nummern 2 und 3.
Ali: Und welche Worte werden mit einem Kreis oder Rechteck versehen?
Calli: Unterordnungen mit Kreis ... cum, qui und quod – Beiordnungen ... gibt's keine.

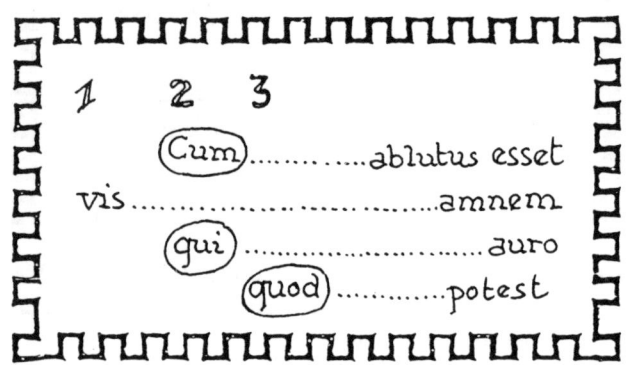

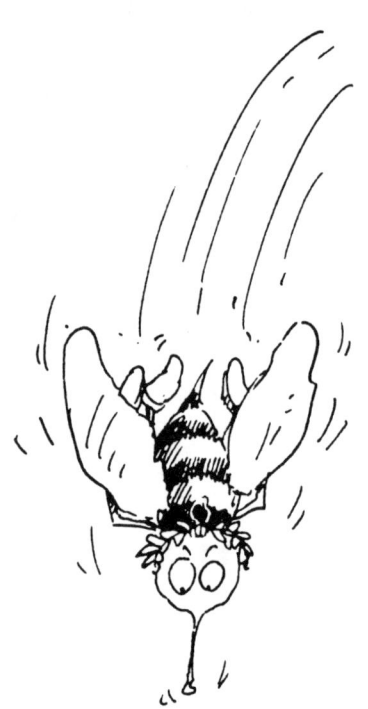

Ali: In Ordnung, wird so in die Analyse eingetragen und danach übersetzt.
Anabella, wie wär's mit dem HS?
Bella: Die goldene Kraft ist weggegangen ... wohin? in den Fluß. Dann den NS davor: Als Midas gereinigt worden war: Wo? im Fluß Pactolus und dann fehlt noch: auf Befehl des Bacchus.
Quera: ... die goldene Kraft ging in den Fluß, der hochberühmt ist, wodurch? durch das Gold.
Ambi: Und: seit jener Zeit. Dann der letzte NS. Der bezieht sich auf: durch das Gold, das dort gefunden werden kann.
Quera: Ha, toll, jetzt haben wir ewig und drei Tage gehört, wie man nicht Millionär wird – und wie soll es nun *richtig* klappen?

Pici: Dreh' das Ding doch mal um, gallina caeca! (= blindes Huhn!)
Quera: Aha! Und wo kann man den abgeben?
Calli: Am Kiosk. – Dürfen wir jetzt gehen?
Ali: Von mir aus könnt ihr gehen – mit Ausnahme vom Küchendienst, der fängt jetzt gleich an zu schaffen!
Somi: Dann laß uns mal gemeinsam gehen, Ali!

Sechster Tag: Angewandte Übersetzungsmethodik

Heute schleppt Ali einen Koffer in die Klasse. Soviel Übungsblätter hat er noch nie mitgebracht.

Ali: Sucht euch ein paar von diesen Sätzen aus und macht die Analyse 1 – 2 – 3 ...
Pici: ist ineptia vorbei. (Ineptia = Quatsch)
Ali: Und im Lösungsheft könnt ihr anschließend alles schön vergleichen.
Oma: Da werden wir uns ganz schön wundern ...

I. Der lateinische Satz 1

Civitas Romana olim magna discordia capta erat, cum ordines*, qui plebs et patres appellabantur, graviter inter se dissiderent* neque plebs, quae superbiam patrum timebat, iam Romam habitare vellet.

ordo, inis, m = hier: (Bevölkerungs)-Stand, Klasse, Gruppe
dissidere, eo, dissedi = uneinig sein, zerstritten sein, streiten

II. Die Satzanalyse

1.	2.	3.	4.		Letztes Wort vom Satzteil

III. Die Übersetzung

Vergleiche im Lösungsheft Seite 18

I. Der lateinische Satz 2

Discordia tanta erat, ut plebs irata tandem urbem Romam relinqueret et in sacrum montem* secederet, qui tria milia passuum ab urbe trans Anienem* amnem aberat.

sacer mons = heiliger Berg der Römer, der dem höchsten Gott
                Jupiter geweiht war.
Anio, enis, m = der Anio ist ein Nebenfluß des Tiber; in der Nähe
                des Anio, nicht weit von Rom, lag der heilige Berg.

II. Die Satzanalyse

1.	2.	3.	4.	Letztes Wort vom Satzteil

III. Die Übersetzung

Vergleiche im Lösungsheft Seite 18

I. Der lateinische Satz 3

Plebs, cum castra summo in monte collacavisset et vallo* fossaque*
munivisset, ibi per aliquot* dies quieta* vixit, quod novam urbem
condere* in animo habebat.

vallum,i,n = (Schutz-)Wall, Verschanzung
fossa,ae,f = der Graben
quietus,a,um = ruhig, friedlich
aliquot (undeklinierbares Adverb) = einige, ein paar
condere,o,didi,conditus = gründen, erbauen

II. Die Satzanalyse

1.	2.	3.	4.	Letztes Wort vom Satzteil

III. Die Übersetzung

Vergleiche im Lösungsheft Seite 18

I. Der lateinische Satz 4

Patres autem Romae relicti non solum spem rei publicae felicis in concordia ordinum posuerunt sed etiam timebant, ne bello imminenti* non pares* essent.

imminere, eo = drohen, bedrängen, emporragen
par esse (+ Dativ) = (einer Sache) gewachsen sein

II. Die Satzanalyse

1.	2.	3.	4.	Letztes Wort vom Satzteil

III. Die Übersetzung

Vergleiche im Lösungsheft Seite 18

I. Der lateinische Satz 5

Igitur patres Menenium Agrippam*, qui ex plebe ortus* erat et maxima facundia* ceteris praestabat, ad Sacrum montem mittere constituerunt, ut cum plebe seditiosa* ita ageret, ut in urbem, si id fieri posset, rediret.

Menenius Agrippa = Agrippa war Konsul gewesen und für seine Überzeugungskraft bekannt.
oriri, ior, ortus sum (Deponens) = entstehen, sich erheben, abstammen von
facundia, ae, f = Redegewandheit, Beredsamkeit
seditiosus, a, um = aufrührerisch, unruhig, aufständisch

II. Die Satzanalyse

1.	2.	3.	4.	Letztes Wort vom Satzteil

III. Die Übersetzung

Vergleiche im Lösungsheft Seite 18

I. Der lateinische Satz 6

Ille vir, cum in castra intromissus* esset, nihil aliud nisi* hanc fabulam, quae mentes hominum seditiosorum flexit* narravit:

intromittere,o,misi,missus = hineinlassen, hineinschicken
nihil aliud nisi = nicht anderes als, nichts außer
flectere,o,flexi,flexus = biegen, beugen, wenden, drehen

II. Die Satzanalyse

1.	2.	3.	4.		Letztes Wort vom Satzteil

III. Die Übersetzung

Vergleiche im Lösungsheft Seite 19

I. Der lateinische Satz 7

"Olim manus et pedes et omnes reliquae partes corporis iratae fuerunt et contra ventrem* coniuraverunt*, cum pro ventre, qui medio in corpore semper quietus* esset nihilque ageret non iam laborare vellent."

venter, tris, m = Bauch, Magen
coniurare, o, avi, atus = sich verschwören
quietus, a, um = ruhig, zurückgezogen, privat, ungestört

II. Die Satzanalyse

1.	2.	3.	4.	Letztes Wort vom Satzteil

III. Die Übersetzung

Vergleiche im Lösungsheft Seite 19

I. Der lateinische Satz 8

"Manus exclamaverunt: "Nos semper cibum apportare debemus, quem os* accipere dentesque conficere debent, sed venter, qui otiosus et piger est, a nobis nutritur*, ne fame* moriatur*! Plerus venter non agit libenter!"

os, oris, n = Mund
nutrire, io, ivi, itus = hier: nähren, füttern, pflegen
fames, is, f = Hunger, Hungersnot
mori, ior, mortuus = sterben, vergehen

II. Die Satzanalyse

1.	2.	3.	4.	Letztes Wort vom Satzteil

III. Die Übersetzung

Vergleiche im Lösungsheft Seite 19

I. Der lateinische Satz 9

"Itaque constituerunt, ne manus cibum ad os transportarent, nec os cibum datum acciperet nec dentes eum conficerent*, cum eo modo ventrem, qui nihil faceret sed datis voluptatibus frueretur*, domare* vellent."

conficere,io,feci,fectus = vollenden, ausführen, hier: zerkauen
frui,or,fructus sum (m.Abl.;Deponens) = Genuß haben, genießen
domare,o,ui,itus = zähmen, bezwingen, bändigen

II. Die Satzanalyse

1.	2.	3.	4.		Letztes Wort vom Satzteil

III. Die Übersetzung

Vergleiche im Lösungsheft Seite 19

I. Der lateinische Satz 10

"Si partes corporis non iam laboraverint venter mox sentiet*, quid sine iis valeret*."

sentire, io, sensi, sensus = fühlen, empfinden, einsehen, merken
valere, eo, ui = stark, kräftig, gesund sein, imstande sein

II. Die Satzanalyse

1.	2.	3.	4.	Letztes Wort vom Satzteil

III. Die Übersetzung

Vergleiche im Lösungsheft Seite 19

I. Der lateinische Satz 11

"Sed eo longe aliter evenit*, quod venter, qui nunc omni cibo caruit*, nihil ad vitam necessarium distribuere* potuit in singulas partes corporis, quod ea de causa paulatim* ad extremam tabem* venit."

evenire,io,veni,ventus = heraus-, hervorkommen, hier: sich ereignen
distribuere,o,ui,utus = verteilen
paulatim (Adverb) = allmählich, nach und nach
tabes,is,f = Siechtum, Krankheit, Dahinschwinden
carere,eo,ui (+Abl) = (eine Sache) entbehren, nicht haben

II. Die Satzanalyse

1.	2.	3.	4.		Letztes Wort vom Satzteil

III. Die Übersetzung

Vergleiche im Lösungsheft Seite 19

I. Der lateinische Satz 12

"Itaque membra, ne gravo morbo aut debilitate* maxima opprimerentur*, priorem societatem* concordiae cito restituere parata erant."

debilitas, atis, f = Entkräftung, Schwäche, Lähmung
opprimere, o, pressi, pressus = niederdrücken, unterdrücken, überwältigen
societas, atis, f = Gemeinsamkeit, Gemeinschaft, Bündnis

II. Die Satzanalyse

1.	2.	3.	4.	Letztes Wort vom Satzteil

III. Die Übersetzung

Vergleiche im Lösungsheft Seite 20

I. Der lateinische Satz 13

"Ita membra necessitatem ventris ad salutem* omnium partium intellexerunt, quod venter enim cibum dividit et in totum corpus distribuit."

salus, salutis, f = Gesundheit, Wohlergehen, Rettung

II. Die Satzanalyse

1. 2. 3. 4.	Letztes Wort vom Satzteil

III. Die Übersetzung

Vergleiche im Lösungsheft Seite 20

I. Der lateinische Satz 14

Agrippa, cum seditionem* partium corporis in ventrem cum* ira plebis in patres relictos comparavisset*, mentes hominum placare* et ita flectere* contigit*, ut plebs postremo in urbem rediret.

seditio,onis,f = Aufstand, Aufruhr
comparare cum = vergleichen mit
placare,o,avi,tus = glätten, besänftigen, beruhigen
flectere,o,flexi,flexus = wenden, drehen, hier: umstimmen
contingere,o,tigi,tactus = berühren, ein Ziel erreichen, gelingen, glücken

II. Die Satzanalyse

1.	2.	3.	4.	Letztes Wort vom Satzteil

III. Die Übersetzung

Vergleiche im Lösungsheft Seite 20

Siebter Tag: Ruhetag

57

Die erste Woche ist jetzt vorbei; und heute ist unterrichtsfrei. Dennoch machen sich einige freiwillig an weiteren Satzanalysen zu schaffen. Nur Somi Somnulus denkt im Traum nicht daran. Und Pici Pictor sucht im Lexikon nach flotten Sprüchen und ausgefallenen Wörtern.

Wie sieht denn Deine witzige Ausbeute aus dem Lexikon aus?

Caesar in portum navigabat.
Caesar equus consilium.
Quando decem.

Achter Tag: Erkennen des aci

Ali: Hallo, Leute!
Somi: Hallo, Leut.
Quera: Hallo, Leut.
Bella: Hallo, Leut.
Pici: Leut, Hallo.
Ali: Na, heute seid ihr ja mal wieder gut drauf, oder? Da, seht mal, ich hab' was mitgebracht.
Calli: Was is'n das, Leut?
Ali: Na, ein Würfel. Heute wollen wir einfach ein Kapitel auswürfeln und dann bearbeiten.
Quera: Und wer soll würfeln, Leut?
Ali: Wie wär's denn mit dir, Querula? Keine Lust, heute mal Fortuna zu spielen?
Quera: Warum nicht?
Quera: Per deos immortales! Me miseram! Scio me nihil scire! Freunde, verzeiht mir.

Ali: Nun mal ganz ruhig – wenn ihr schon alles wüßtet, wär't ihr ja bestimmt nicht hier, oder? Wir schaffen's zusammen, und auf deinen Satz von eben, Querula, kommen wir auch noch später zu sprechen. So jetzt geht's also mit dem aci los. Alles Detailwissen nutzt da nun überhaupt nichts, wenn man in einem Satz oder Text gar nicht mit dem Auftauchen eines aci rechnet. Deshalb steht ganz am Anfang die Frage, wie man einen aci aufspüren kann.

Calli: Und wie soll das nun gehen, Leut?

Ali: Mensch, könnt ihr den Mist mit ›Leut‹ nicht lassen?

Bella: Na klar, Leut!

Ali: Lest euch jetzt den folgenden Satz durch und übersetzt ihn dann!

Ali: ... und doch war die Übersetzung richtig! Wir wollen aber deine Beobachtung gemeinsam fortsetzen, Querula, weil sie wichtig ist: Man kann den aci nicht wie andere Nebensätze erkennen, weil keine Konjunktionen wie ›ut‹ oder ›quod‹ dastehen ...

Calli: ... ein Komma sieht man ja auch nicht ... also, wenn der aci kein Nebensatz ist ... dann gehört er zu dem umgebenden Satz ... und wie soll ich ihn dann erkennen?

Ali: Gut, das halten wir fest: Er ist ein Teil des umgebenden Satzes. Trotzdem kann man ihn aufspüren, auch in ziemlich langen Sätzen. Hat jemand eine Idee, wie das gehen könnte?

Pici: Man kann sich z.B. am Infinitiv orientieren, der könnte ja auch auf einen aci deuten ...

> Lectiones meas non semper delectare scio.

Ambi: Null Problemo: Ich weiß, daß meine Unterrichtsstunden nicht immer Spaß machen.

Ali: Sehr gut, Ambitiosus!

Quera: Warum denn ›sehr gut‹? Der lateinische Satz bestand doch nur aus sechs Wörtern! – Da war kein ›daß‹, kein Nebensatz, kein gar nichts! Ambitiosus hat viel mehr übersetzt, als dort steht. Na ja, wenn man sich gerne reden hört ...

Inda: Und steht der aci nicht auch bei so Verben ...

Pici: Ja genau, da gibt's so verschiedene Gruppen von Verben ... oder?

Ali: Genau, da habt ihr beide recht. Zunächst wollen wir uns jetzt um die Verbgruppen kümmern. Ich zeige euch eine Folie, da ist ein großer Sack drauf, und in dem Sack befinden sich Verbgruppen. Versucht euch zu erinnern – drei Gruppen von ihnen sind aci-Auslöser! Welche?

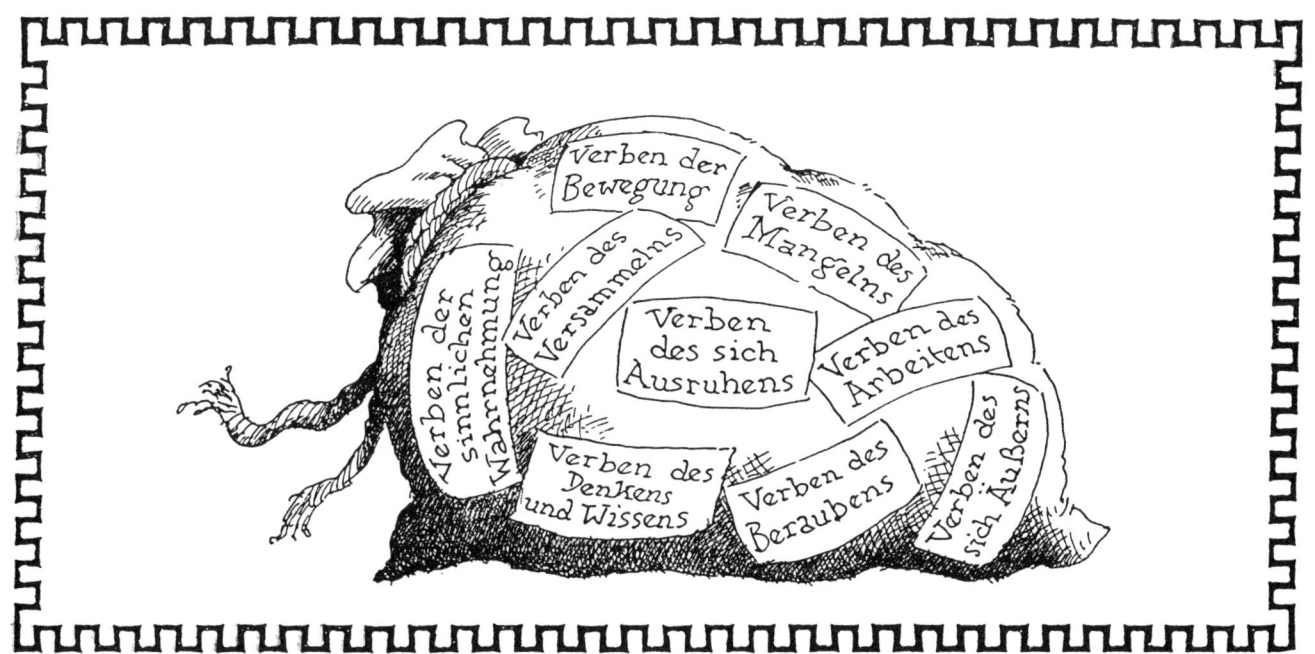

Ali: Nun, Somnulus, was meinst denn du: Nach welchen drei Gruppen steht ein aci?

Somi: Hmmm, Verben des sich Äußerns, der sinnlichen Wahrnehmung und des Ruhens.

Ambi: Neee, nicht des Ruhens, sondern des Denkens und Wissens, das sind die drei!

Ali: Genau! So, nun stellt euch vor, ihr geht in der Weltstadt Rom spazieren und kommt an eine Kreuzung. Die Lux steht auf ›rot‹, und wenn ihr nicht unter einen currus geraten wollt, müßt ihr anhalten und auf ›grün‹ warten.

Quera: Was soll'n das nun wieder hier? Was hat denn der aci mit 'ner lux in Roma zu tun?

Ali: Genauso wie mit der lux verhält es sich mit den Verben, die den aci ankündigen: Sobald man beim Durchlesen vom Satz auf ein derartiges *Signalwort* stößt, heißt das *Stop! Anhalten!* Hier könnte ein aci stehen, deshalb muß man erst die Teile der Konstruktion zusammensuchen, d.h. den Akkusativ und den Infinitiv, und dann kann man mit dem Übersetzen weitermachen. Kann sich jemand denken, weshalb es wichtig ist, erstmal jeden Satz lateinisch ganz durchzulesen?

Bella: Naaa, vielleicht, weil man sonst nicht sicher sein kann, daß nicht doch noch ein Signalwort kommt!

Inda: Verben stehen doch sowieso oft ganz am Ende vom Satz, also auch diese Signalwörter!

Ali: Stimmt genau! Aber hört mal her, ihr Schelme! Ihr habt doch schon gemerkt, daß ich nicht ganz geradeaus gucke, sondern ein bißchen schiele, nicht? Wenn ich also jemanden ansehe, um ihn ranzunehmen, dann meine ich eben immer den rechten Nebensitzer! Alles paletti, Anabella?

Bella: Alles klar, Ali!

Ali: Genau so! Nun nehmt eure tabellas, damit wir noch die drei Gruppen von Signalwörtern aufschreiben können.

Pici: Ali, sieh mal, ich hab' mal versucht, die Gruppen als 'n kleines Bildchen zu malen, ich find' das zum Merken viel besser. Geht das so?

Ali: Klar, seht mal her, das ist toll. Da schreiben wir jetzt einfach die Bezeichnungen drunter.

Ambi: Aber da gibt's doch noch mehr Gruppen, z.B. ...

Verba dicendi
Verben des sich Äußerns

z.B.   dicere
       narrare

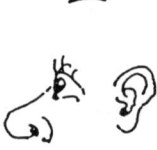

Verba sentiendi
Verben der sinnl. Wahrnehmung

z.B.   videre
       sentire

Verba cogitandi
Verben des Denkens und Wissens

z.B.   putare
       intellegere

Quera: Jetzt komme ich aber doch noch mal auf die Sache mit der lux zurück: Das ist total doof: Die Lux steht doch *vor* der Kreuzung, das Signalwort vom aci dann aber wohl meistens ganz *hinten*, nämlich am Ende vom Satz!

Calli: Ohhhh neiiiiiin! Mensch, du siehst doch das rote Signal schon von weitem und rechnest mit der Kreuzung, so, wie du das Signalwort zuerst schon beim Lesen erkennst und dann auch vorsichtig wirst.

Ali: Prima, Ambitiosus, das stimmt. Wir wollen aber nicht zu viel auf einmal wiederholen, deshalb möchte ich dich bitten, uns die restlichen Gruppen erst morgen zu sagen, ja? Wir wollen dann auch erst morgen anfangen, längere Sätze zu übersetzen, wenn wir genau wissen, was wir mit dem aci vor uns haben. Laßt uns jetzt noch einige Übungen zu den Signalwörtern machen. Ich habe ein paar Übungsblätter mitgebracht.

Quera: Das ist aber nett von dir, Leut.

I. Hinter jedem der folgenden Signalwörter befindet sich eine Lücke, in die eine 1, 2 oder 3 eingetragen werden soll, je nachdem, in welche Gruppe das Verb gehört

1   2   3

nuntiare...   nescire...
audire...   animadvertere...
cogitare...   docere...
respondere...   tradere...
cognoscere...   ignorare...
intellegere...   oblivisci...
comperire...   discere...
certiorem facere...   scribere...
affirmare...   simulare...
cernere...   meminisse...
existimare...   promittere...
credere...   sentire...
negare...   polliceri...
scire...   confidere...
fateri...   iurare...

II. In jeder Reihe stehen vier Verben, von denen jeweils eines zu den Signalwörtern gehört, nach denen aci stehen kann. Streiche die falschen Verben durch, so daß pro Zeile nur das richtige übrig bleibt.

1. regere   agere   tradere   ponere
2. dicere   debere   delere   dare
3. parere   manere   praebere   nuntiare
4. audere   audire   arcere   minuere
5. exercere   vestire   venire   negare
6. tenere   tangere   affirmare   valere
7. florere   nocere   referre   relinquere

Vergleiche im Lösungsheft Seite 20

Neunter Tag: Der aci und die verschiedenen Infinitive

Ali: Sagt mal, kann das sein, daß ich mittlerweile da bin? Setzt euch doch bitte wenigstens auf eure 4 Buchstaben! Wir haben zuletzt über die Signalwörter gesprochen, nach denen ein aci stehen kann, z.B. narrare, videre, scribere eil.* Bleiben wir bei videre – sehen. Annabella, sag' mir doch einen Satz, in dem ›ich sehe‹ vorkommt!

Bella: Ich sehe ... Somnulus.

Ali: Meinst du, daß du das schnell übersetzen kannst?

Bella: Somnulum video.

Ali: Was für ein Satzteil steht hier immer nach den Signalwörtern?

Calli: Na, ein Akkusativ-Objekt, ich kann ja immer wen? oder was? fragen.

Quera: Aber nach ›sehen‹ könnte man doch auch mit einem ganzen Satz weitermachen, z.B.: Ich sehe Somnulus schlafen.

Ali: Quera, das war jetzt mal ein wirklich guter Einwand. Versuche doch, das zu übersetzen – und du, Somnulus, wach auf! Pictor, was heißt: Ich sehe Somnulus schlafen?

> Somnulum video.   Epistulam scribo.

Ali: Dann hätte ich gerne noch einen Satz, in dem ›ich schreibe‹ vorkommt.

Pici: Ich schreibe einen Brief.

Ali: Gut, kriegst du das auch auf Latein hin?

Pici: Epistulam scribo.

Pici: Das heißt, daß das stimmt.

Ambi: Somnulum dormire video.

Ali: Prima: Jetzt schreibe ich beide Sätze untereinander an:

> Somnulum　　　　　video
> Somnulum dormire　　video

* eil : et ita longius
moderner : und so weiter

Ali: Und wenn ich nun auch für den zweiten Satz nach dem Akkusativ-Objekt frage: Wen oder was sehe ich?
Quera: Jaaaaaa – müßte ja dann sein: ... ›Somnulus schlafen‹.
Pici: Da hört sich ›daß Somnulus schläft‹ aber besser an.
Somi: Ich finde, das Wort ›Schlafen‹ hört sich in jeder Form gut an!
Ali: Du hast recht, Pictor, mit einem daß-Satz hört sich die Übersetzung auch gut an.
Calli: Dann ist also der gesamte Ausdruck: ›daß Somnulus schläft‹ in dem Satz ein Akkusativ-Objekt?
Ali: Stimmt genau! Und weil hier ein ganzer Satz Objekt ist, nennt man solch einen Satz ...
Bella: 'n Objektsatz, was?

Ali: Richtig. Und im Lateinischen gibt es ebenfalls solche Objektsätze, z.B. stehen sie nach den Signalwörtern, die wir schon gesammelt haben.
Ambi: Und was haben die mit dem aci zu tun?
Ali: Diese lateinischen Objektsätze treten in einer bestimmten Form auf: Nach Signalwörtern bestehen sie nämlich meistens aus einem *Akkusativ* und einem *Infinitiv*.
Somi: Und was heißt dann das ›c‹ von aci?
Ambi: Die Abkürzung heißt *a*ccusativus *c*um *i*nfinitivo.
Ali: Genau. Wie heißt der aci nun in unserem Satz?
Inda: Ja, dormire ist der Infinitiv, Somnulum ist der Akkusativ.
Ali: Dann wollen wir auch noch festhalten, mit welchem Wort die Übersetzung des aci eingeleitet wurde:
Quera: Na, mit daß.
Calli: Aber zuerst mit 'nem Inifinitiv.
Ali: Das waren die beiden Möglichkeiten, gut. Wir haben bisher erkannt,
  1. daß ein aci mittels der Signalwörter aufgespürt werden kann, und
  2. daß der aci ein Objekt ist, deshalb auch nicht durch Komma abgetrennt wird und mit ›daß‹ oder Inifinitiv übersetzt wird.
Inda: Und können wir nicht mal schnell die Inifinitive wiederholen? Nur die Formen.

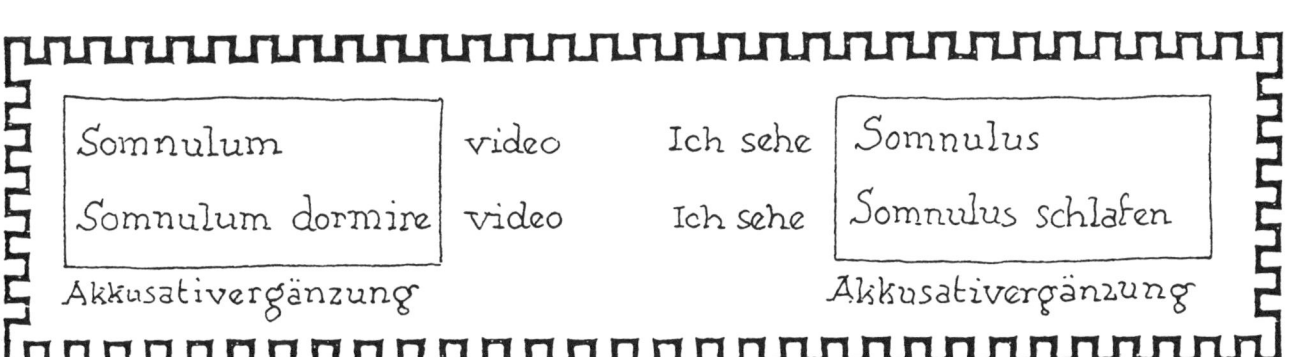

Ali: Natürlich, denn die muß man im Satz auch erkennen. Da habe ich allerdings ein Arbeitsblatt, auf dem für alle Konjugationen die Formen des Infinitiv Präsens stehen und außerdem noch eine kurze Übung.

Inf. Präsens Akt./Pass. aller Konjugationen

Konjugation	Aktiv		Passiv	
A	am a re	lieben	am a ri	geliebt werden
E	mon e re	ermahnen	mon e ri	ermahnt werden
I	aud i re	hören	aud i ri	gehört werden
Konsonantische	le g(e) re	lesen	le g i	gelesen werden

Als Übung bilden wir zu den folgenden Infinitiven jeweils auch die passive Form:

cantare	munire	agere
regere	scribere	mittere
delere	facere	patere
nuntiare	laudare	aedificare
punire	arcere	currere

Vergleiche im Lösungsheft Seite 20

Zehnter Tag: Der aci und die Gleichzeitigkeit

Ali: Gestern haben wir folgenden Satz besprochen: Ich weiß, daß meine Stunden nicht immer Spaß machen. Jetzt bitte ich euch, einen ganz ähnlichen Satz zu übersetzen: Ich wußte, daß meine Stunden nicht immer Spaß machten.

> Meas lectiones non semper delectare scio.

Quera: Ist ja derselbe Satz wie vorhin, nur in der Vergangenheit!! Das ist easy – laß' dir doch mal was Neues einfallen!
Ali: Dann nur los, Querula!
Quera: Also: Sciebam meas lectiones non semper ... delect ... und jetzt eben irgendein Vergangenheitsinfinitiv, die Form weiß ich nicht!
Ali: Scheinbar doch nicht so leicht wie gedacht, was?
Inda: Da muß auch die Form ›delectare‹ rein, in den Satz!
Ali: Kannst du auch erklären, weshalb in dem Satz ebenfalls Infinitiv Präsens stehen muß, obwohl der deutsche Satz in der Vergangenheit steht?
Inda: Weil der Infinitiv Präsens die Gleichzeitigkeit zum Ausdruck bringt.
Quera: ... die Gleichzeitigkeit zum Ausdruck bringt! Mensch, wer soll'n das Gefasel begreifen!
Ali: Meinst du, das ein wenig erklären zu können, Industria?
Inda: In unserem ersten Satz geschieht das ›Spaß machen‹ zur gleichen Zeit wie ›ich weiß‹, beide Handlungen liegen in der Gegenwart. Wenn die Handlung vom Infinitiv zur gleichen Zeit geschieht, wie die des Hauptsatzverbs, steht im Lateinischen Infinitiv Präsens. Genauso ist es aber auch in dem zweiten Satz, nur steht da alles in der Vergangenheit: ›nicht immer Spaß machten‹ geschieht aber immer noch zur gleichen Zeit wie ›ich wußte‹, beides läuft zur gleichen Zeit ab, eben parallel. Also steht hier wieder Infinitiv Präsens. Besser kann ich es echt nicht erklären.
Ali: Die Erklärung war picobello, Industria! Und weil das wichtig ist, steht diese Erklärung auf einem Blatt, das ich euch nun austeile ... allerdings müssen einige Lücken ergänzt werden, wobei jeder Punkt einen fehlenden Buchstaben anzeigt.
Ali: Der Infinitiv Präsens ist also nicht der Infinitiv der Gegenwart, sondern ...
Alle: *Der Infinitiv der Gleichzeitigkeit!*

1. Das Signa..... bettet den Gesamtsatz in eine bestimmte Zeit, z.B. Gegen.... oder Zu..... oder Verga......... . (scio oder sciebam)

2. Der Infi..... Prä.... muß nun so über..... werden, daß seine Hand.... erkennbar zur gl...... Zeit abläuft, wie die Handlung des Sig......... .

3. Daher steht in Grammatikbü..... oft: Der Infinitiv Präsens drückt die Gleichzeitigkeit zum Signalwort aus.

Vergleiche im Lösungsheft Seite 20

Ali: Klasse! Seht mal her, dazu habe ich euch noch eine kurze Übung mitgebracht.
Somi: Da sind wir aber dankbar, daß du uns immer was Nettes mitbringst ...
Calli: Magister, finem lectionis appropinquare existimo! Nix mehr Übung!
Ali: Mein Gott, du hast recht, Callidus, in acht Minuten ist schon wieder Schluß – aber ich glaube nicht, daß ihr so lange dafür braucht.

Hier soll jedem lateinischen Satz eine germanische Übersetzung zugeordnet werden.
Ein germ. Satz paßt zu gar keinem lat. Satz.
Welcher und warum nicht?

1. Fridericum librum legere vidi.

2. Librum a Friderico legi video.

3. Librum a Friderico legi vidi.

4. Fridericum librum legere video.

A. Ich sah, daß von Fritz ein Buch gelesen wurde.

B. Ich sah, daß Fritz ein Buch las.

C. Ich sehe, daß Fritz ein Buch liest.

D. Ich sehe, daß von Fritz ein Buch gelesen wurde.

E. Ich sehe, daß von Fritz ein Buch gelesen wird.

Es gehören zusammen:

| 1 | 2 | 3 | 4 |

Überflüssig: Satz ☐

Vergleiche im Lösungsheft Seite 20

Elfter Tag: Checkliste aci

Ali: Hoi, hier geht's ja zu wie bei den Barbaren! Da war nur neulich das Spaghettiessen noch wüster!

Somi: Das war grell!

Ali: Bei Gelegenheit zeige ich euch mal, wie man Spaghetti nur mit 'ner Gabel ißt. So, dann wollen wir kurz wiederholen: Was muß man denn bei der Übersetzung vom Infinitiv Präsens beachten? Das war das Thema, über das wir zuletzt geredet haben.

Pici: Zuerst muß man das Signalwort übersetzen – falls im aci dann ein Infinitiv Präsens steht, muß in der Übersetzung zum Ausdruck kommen, daß dieser Nebensatz zur gleichen Zeit geschieht wie das Signalwort.

Ali: Schön: Dann können wir ja langsam zum vorläufig letzten Punkt kommen ...

Quera: ... wird aber auch Zeit, Mensch, dauernd Grammatik, das hältste ja im Kopf nicht aus, wir müssen doch auch mal übersetzen ...

Ali: Kannst du sofort, Querula. Ich schreibe einen Satz an, und du übersetzt ihn bitte.

> Spaghettos non semper delectare scio.

Quera: Sag' mir, was spaghettos sind, und ich übersetze ihn geschwind!

Ali: Das ist sozusagen Neulatein: spaghetti, meistens im Plural, heißt: die Spaghetti!

Quera: Du bist ja 'n Witzbold! Ich weiß, daß Spaghetti nicht immer Spaß machen.

Ali: Wenn ihr nun den lateinischen Satz mit der Übersetzung vergleicht:

> Ich weiß, daß Spaghetti nicht immer Spaß machen.

Welcher Satzteil entstand in der Übersetzung aus dem Infinitiv?

Bella: Infinitiv ist delectare ... wird zu Spaß machen ... also, aus dem Infinitiv wird das Prädikat in der Übersetzung.

Ali: Gut! Und zu welchem Satzteil wird in der Übersetzung der lateinische Akkusativ?

Pici: Spaghettos ... wird in der Übersetzung zu ... Spaghetti, das ist ... das Subjekt im daß-Satz!

Ali: So ist es; und das schreiben wir uns auf, denn das ist beim Übersetzen immer der gleiche Vorgang: Der Infinitiv wird zum Prädikat, der Akkusativ zum Subjekt des daß-Satzes.

Quera: Können wir vielleicht jetzt mal endlich anfangen, was zu übersetzen? Das ist doch echt wichtiger, als dauernd nur Regeln!!!

Ambi: Mensch, Nervi, du kannst doch nicht einfach so anfangen, ohne zu wissen, was du überhaupt machen sollst. Dann macht man wieder 1000 Fehler und verliert wieder die ganze Lust!

Pici: Außerdem erkennst du doch 'n Infinitiv noch nicht mal, wenn er rot unterstrichen ist, was moserst du also groß rum?

Quera: Hört, hört – dir sag' ich jetzt mal etwas, du Superkluger: Wir haben in Gallien schon Latein gelesen, da habt ihr Germanen euch noch von Ast zu Ast geschwungen!

>   Ich weiß, daß
>
> Spaghettos   Akk. ⟶ Subjekt   Spaghetti nicht immer
> non semper
>   delectare   Inf. ⟶ Prädikat   Spaß machen.
>   scio.
>
> Der Akkusativ des aci wird im daß- Satz zum Subjekt.
> Der Infinitiv des aci wird im daß- Satz zum Prädikat.

Pici: Glaub' ich dir gerne – mehr als Lesen tust du es heute nämlich auch nicht!

Ali: Gemach, gemach, ihr zwei! Jetzt sehen wir uns gemeinsam noch kurz die Checkliste aci (siehe Seite 73) an, übersetzen analog dazu einen Übungssatz, und dann kommen Übungen, soviel ihr wollt.

Pici: Haec praescriptio salax est! (praescriptio, onis, f. = Gebrauchsanweisung; salax, acis = geil)

CHECKLISTE   A.c.I :

1. Den lat. Satz bis zum Ende lesen: Signalwörter stehen oft am Schluß.

2. Wenn ein Signalwort vorhanden: STOP ! ACHTUNG ! Ist hier ein A.c.I. als Objekt vorhanden, oder vielleicht nur ein einfaches Nomen ?

3. Suchphase: Wo ist die Konstruktion ? Wo ist der Infinitiv ? Wo ist der Akkusativ ?

4. Signalwort in seiner Zeit übersetzen; A.c.I.-Einleitung 'daß' sofort aufschreiben.

5. A.c.I. wird übersetzt: Mit dem Inf. anfangen, sofern nämlich mehrere Akkusative vorhanden sind, kann man oft schnell erkennen, welcher Akk. inhaltlich zum Inf. passt; das ist dann der Akk. des A.c.I.
   Inf. ─────▶ Präd. des dt. daß- Satzes; der Infinitiv Präsens muß so übersetzt werden, daß er zur selben Zeit geschieht wie Signalwort
   Akk. ─────▶ Subjekt des dt. daß- Satzes

6. Zum Schluß wird das Akk.- Objekt übersetzt, sofern eines im Satz vorhanden ist.

EXEMPLUM   perspicillum

Magistrum perspicillum habere video

Checkpoints

1. Satz durchlesen, Signalwort unterstreichen.

                                               Magistrum perspicillum habere <u>video</u>

2./3. Steht nach dem Signalwort ein kompletter aci oder ein einfaches Nomen als Objekt?

                                               Vermutlich ein aci, wie aus dem Inf. 'habere' zu erahnen ist.

Suchphase: Inf. und Akk. suchen und unterstreichen:

                                               Zwei Möglichkeiten:
                                               a) <u>Magistrum</u> perspicillum <u>habere</u> <u>video</u>
                                               b) Magistrum <u>perspicillum habere video</u>

4. Signalwort übersetzen, aci-Einleitung 'daß' sofort dazuschreiben.

                                               Ich sehe

                                               Ich sehe, daß

5. Übersetzungsphase des aci: Inf.Präs.Akt. heißt: Gleiche Zeitstufe wie Signalwort !

                                               Ich sehe, <u>daß er/sie/es hat</u>

Übersetzung des Akkusativs: Der Akk. des aci wird zum Subjekt des daß- Satzes:

                                               Die zwei Möglichkeiten:
                                               a) Ich sehe, daß <u>der Lehrer</u> ... hat.
                                               b) Ich sehe, daß <u>die Brille</u> ... hat.

6. Übersetzung des noch übrigen Objekts im Akk :
in Möglickeit a) ist perspicillum übrig
in Möglichkeit b) ist magistrum übrig

                                               a) Ich sehe, daß der Lehrer <u>eine Brille</u> hat.
                                               b) Ich sehe, daß die Brille <u>einen Lehrer</u> hat.

ENDERGEBNIS: Möglichkeit b) ist mangels Sinn abzulehnen.

ENDÜBERSETZUNG: Ich sehe, daß der Lehrer eine Brille hat.

Zwölfter Tag: Erkennungssignale für den aci

Ali: So, Querula, dann wollen wir noch, wie versprochen, auf deinen Satz vom Anfang der ersten aci-Stunde zu sprechen kommen: Weißt du noch, was du da gesagt hattest, auf Latein?

Quera: Ich??? Gesagt???? Neeeee!!!!!

Ali: Scio me nihil scire – das waren deine Worte. Nun, dann übersetz' mal, aber schön langsam.

Quera: Ok. Alsooooo, das einzige konjugierte Verb, das ich da finden kann, ist: scio. Das heißt: Ich weiß. Das ist 'n Signalwort ... also könnte ein aci kommen ... scire ist ein Infinitiv, vermutlich haben wir dann auch einen aci, wo is'n der Akkusativ dann? Akkusativ könnte ... me sein! ...

Ambi: Oder nihil, das kann ja auch Akkusativ sein, weil das Neutrum ist, hat es im Nominativ und Akkusativ je die gleiche Form!

Quera: Das stimmt. Ich versuch's jetzt zuerst mit me als aci-Akkusativ. Ich weiß; die Einleitung für die Übersetzung: Ich weiß, daß. Jetzt kommt der Infinitiv, das ist ein Infinitiv Präsens Aktiv, also die gleiche Zeitstufe: Ich weiß, daß er/sie/es weiß. Zwei mal ›weiß‹, das ist aber blöd!

Ali: Wenn du richtig konstruiert hast, wird es schon stimmen. Mach' nur weiter!

Quera: Ich nehme jetzt me als Akkusativ des aci, das muß in der Übersetzung zum Subjekt werden: Ich weiß, daß ich weiß.

Ambi: Wenn aber nihil der Akkusativ vom aci ist, muß es heißen: Ich weiß, daß nichts weiß. Das hört sich vom Sinn schon komisch an.

Ali: Warten wir's ab – bisher sind beide Sätze richtig konstruiert.

Quera: Jetzt kommt bei mir nihil als Objekt dazu: Ich weiß, daß ich wen oder was? weiß – nichts. Ich weiß, daß ich nichts weiß. Na bitte, gibt wenigstens einen Sinn!

Ambi: Die andere Übersetzung aber nicht: Ich weiß, daß nichts wen oder was? weiß – mich. Ich weiß, daß nichts mich weiß – Blödsinn!

Ali: Das habt ihr prima in gemeinschaftlicher Arbeit gelöst – da hat mir nicht nur die Übersetzung gefallen, sondern auch die Teamarbeit. Weiß von euch jemand, von welcher Berühmtheit diese Worte stammen?

Quera: Na – von mir!

Ali: Klar – du bist die zweite Berühmtheit, die den Satz benutzt hat. Setzt doch einfach in den Kasten die jeweiligen Buchstaben des Alphabets ein!

Calli: Sollen wir das ›k‹ mitzählen?

Ali: Klaro!

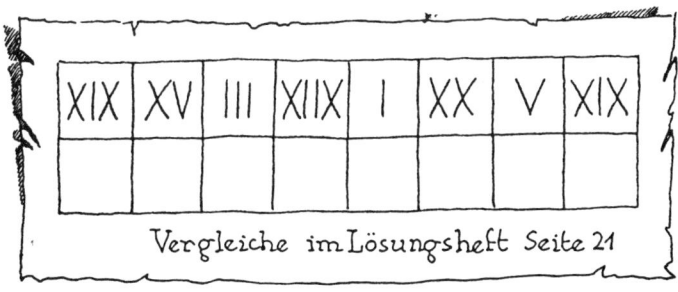

Somi: Wie ist denn das, Ali – legen wir jetzt auch noch irgendein Zeichen fest, für die Satzanalyse – ich meine, wenn ein aci kommt, der wird ja sicher auch irgendwie in so ein Zahlenschema eingetragen, oder?

Ali: Gut, daß du mich daran erinnerst, Somnulus. In das Schema wird der Akkusativ und der Inifinitiv des aci eingetragen und beide unterstrichen, sie gehören zusammen, was wir mit der gleichen Unterstreichungsart verdeutlichen.

Pici: Für den Spaghetti-Satz würde das also so aussehen:

Ali: Wenn ihr die folgende Übung gemacht habt, ist für heute Schluß.

Oma: Ihr werdet sehen, da werden unsere Köpfe noch stundenlang rauchen!

Pici: Turpe dictu, herbae Nicotinae fumum ducere pestilens est ... (= Pfui, Rauchen ist ungesund ...)

In Colosseo

Aufgabe:

a) Aus jeweils zwei Hauptsätzen soll ein Hauptsatz
   gebildet werden, zu dem eine satzwertige Konstruktion
   (= aci) gehört. Denkt daran, das Prädikat ganz an das
   Ende zu stellen:

   Beispiel: Mater dicit: "Hodie bonum caelum est."
              Mater caelum bonum esse dicit.
   Dabei fällt die direkte Rede ("...") weg.

b) Satzanalyse von den kompletten aci- Sätzen.

c) Alle Sätze sollen auch übersetzt werden.

1. Hodie pater qui cum natare locutus est, constituit:
   "Paulus quoque, filius meus in Colosseum ire potest."

2. Ante Colosseum Paulus vidit: "Colosseum ingens est".

3. "Itaque 'Colosseum' appellatur" pater respondit.

4. Filius animadvertit: "Ludi a multis hominibus visitantur."

5. "Id ita est" pater affirmat et narrat: "In Colosseo
   gladiatores pugna crudeli interficiuntur!"

6. "Gladiatores mortuos spectare nolo" puer statim respondit.

7. "Aut domum redeo aut amicos meos visito" filius constituit.

8. Pater sentit: "Crudelitates in Colosseo a filio non
   aestimantur!"

Vergleiche im Lösungsheft Seite 21

Dreizehnter Tag: Ein aci-Übungstag

Ali: Damit eure Eltern sich keine Sorgen machen, wollen wir heute mal ein Briefchen nach Hause schreiben. Der Text ist eigentlich schon fertig – ihr müßt nur noch die Lücken mit einem der Infinitive im Aktiv oder Passiv ausfüllen.

Inda: Mensch, das ist ja eine klasse Idee – ich werde auch meinen Freundinnen und Freunden einen Brief in Lateinisch schreiben.

Parentibus carissimis salutem dico !

Parentibus carissimis litteras hodie a me
.... constitui; primum me ....
.... dico, deinde ferias, quas in Italia
ago, mihi valde .... confirmo !
Imprimis nos discipulos Germanos ab incolis
benigne .... iucundum est - Romanos
Graecos quidem* .... mirum est !

scribere
recipere
sanus, a, um esse
contemnere
placere

Hic nos cottidie in scholam ire..........
gaudeo: Magistrum nobis notas ....
non oportet et ceterum censeo magistrum
nobis linguam latinam bene ....
Nonnumquam necesse est aleas* .... :
Nos reliqui autem aleis certam lectionem
grammaticam .... scimus. De hoc ludo
id dictum* .... reor*:
"Alea iacta est!"

iacere
notus, a, um esse
posse
docere
dare
indicare

Schola finita nos in mare.......... licet.
Sed mare.......... non negare possum --
numerum turisticorum ....
apertum est. Itaque magister noster nos
in litore* .... saepe malit.
Parentes carissimi - vos plus pecuniae
.... verisimile est ? Precor, precor !
Diutius in Italia stare volo !

sordere = schmutzig
 dreckig sein;
mittere
ludere
natare
nimius, a, um esse
 zu groß sein,
 allzugroß sein

quidem = freilich
aleas iacere = würfeln
reri, reor, ratus sum =
  glauben, meinen
dictum, in = Wort, Ausspruch
litus, oris, n = Strand, Küste

Vergleiche im Lösungsheft Seite 21

Vierzehnter Tag: Zweiter Ruhetag

Und diesen Brief hat Pici einem alten Freund geschrieben:

Salve Petor!

Iam quattuordecim dies[1] Romae ardorem et lectiones Latinas perfero. Magister noster "Aquilocu-lus" nominatur. Sed nomen "Caccagallina"[2] aptius[3] esset. Nam quamquam perspicillo[4] utitur, vix puerum a puella internoscere[5] potest. Tamen nos multum docet et saepe nobis risus dat[6] — non semper sponte sua[7]; nisi magister esset, nihil ei obicerem[8].

Inter aliis discipulis nonnullos amicos inveni. Amicissimus[9] meus est Somnulus; utinam[10] eum cognoscere[11] posses! Numquam attentus est in lectionibus, numquam paratus est ad discendum: Aut somniat[12] aut nugas[13] excogitat!

Discipulae[14] sunt loquaces[15] et stupidae; nosti[16] puellas, omnes sunt similes. Sola Annabella longe alia est. O si tibi illam divinam[17] puellam monstrare possem! Sputum[18] tibi deesset[19], si eam videres! Dies noctesque nihil aliud cogito nisi Annabellam.[20] Putasne me eam amare?

cura, ut valeas! Pictor

Vergleiche im Lösungsheft Seite 30

Vocabula:

1. quattuordecim dies = 14 Tage lang;
2. caecus -a -um = blind, gallina -ae f = Huhn;
3. aptus -a -um = passend, treffend;
4. perspicillum -i n = Brille;
5. internoscere = unterscheiden;
6. risus dare = wörtlich: jemandem Gelächter geben, also: jemanden zum Lachen bringen;
7. sponte sua = freiwillig;
8. obicere = entgegenhalten, vorwerfen;
9. amicus kennst du, was ist dann ein amicissimus?
10. utinam = wenn doch nur (in Wunschsätzen);
11. cognoscere = kennenlernen;
12. somniare = träumen;
13. nugae -arum f = Späße, Blödsinn;
14. discipulus kennst du, was ist dann eine discipula?
15. loquax -cis = geschwätzig;
16. nosti = du kennst (Kurzform zu novisti);
17. divinus -a -um = göttlich;
18. sputum -i n = Spucke;
19. deesse = fehlen;
20. cogitare + Akk. = an jemanden denken.

Fünfzehnter Tag: Von Zeiten und Zeitverhältnissen beim aci

Ali: Hodie quartam partem lectionis grammaticae explicemus! Ambitiosus, könntest du vielleicht den bereits behandelten Stoff noch einmal kurz zusammenfassen?

Ambi: (holt tief Luft) aci ist möglich nach den Verben des Wahrnehmens des Mitteilens des Denkens/Meinens Satz ganz durchlesen Signalwort suchen Infinitiv und Akkusativ suchen Signalwort übersetzen Einleitung ›daß‹ setzen im deutschen Nebensatz wird Infinitiv zum Prädikat Akkusativ wird zum deutschen Subjekt bei Infinitiv Präsens auf die Gleichzeitigkeit achten Schluß, aus, fertig!

Ali: Alle Achtung, Ambitiosus! Das war flott und richtig!

Inda: Aber was hieße denn dann ›ich weiß, daß Spaghetti nicht immer Spaß gemacht haben‹?

Ali: Das ist eine sehr intelligente Frage, Industria! Was für ein zusätzliches Problem steckt denn in diesem Satz?

Quera: Das ›Spaß machen‹ passiert vor dem ›Wissen‹.

Ali: Ganz genau! In dem Satz ›ich weiß, daß Spaghetti nicht immer Spaß gemacht haben‹ geschieht die aci-Handlung ›Spaß machen‹ vor der Haupthandlung ›Wissen‹. Wir haben also ein eindeutiges Beispiel für Vorzeitigkeit. Welcher Infinitiv muß deshalb im aci verwendet werden?

Ambi: Der Infinitiv Perfekt oder besser der Infinitiv der Vorzeitigkeit.

Ali: Richtig! Sicherheitshalber will ich aber zuvor die Infinitive noch einmal genau wiederholen.

Infinitive

1. Infinitiv Präsens
   (= Infinitiv der Gleichzeitigkeit)

   a) Aktiv
      Präsensstamm + -re
      (Kons. Konjugation:
      Präsensstamm + Stützvokal
      e + -re)
      delectare = erfreuen

   b) Passiv
      Praesensstamm + -ri
      (Kons. Konjugation :
      Präsensstamm + i

      delectari = erfreut werden

2. Infinitiv Perfekt
   (= Infinitiv der Vorzeitigkeit)

   a) Aktiv
      Perfektstamm + -isse
      delectavisse = erfreut haben

   b) Passiv
      PPP + esse
      delectatum* esse =
      erfreut worden sein

3. Infinitiv Futur
   (= Infinitiv der Nachzeitigkeit)

   a) Aktiv
      PFA + esse
      delectaturum*esse =
      in Zukunft erfreuen

   b) Passiv
      Supin + iri
      delectatum** iri =
      in Zukunft erfreut werden

* PPP + PFA werden dekliniert, richten sich also im Genus, Numerus und Casus nach dem zugehörigen Beziehungswort.

** das Supin "delectatum" sieht gleich aus wie das PPP; es wird allerdings nicht dekliniert, endet also immer auf "-um", unabhängig vom zugehörigen Beziehungswort.

Ali: Was heißt also ›ich weiß, daß Spaghetti nicht immer Spaß gemacht haben‹?

Quera: Scio spaghettos non semper delectavisse.

Ali: Sehr gut, Querula! Und nun kommt eine kleine Denksportaufgabe: Wir wollen unseren deutschen Beispielsatz – ohne seinen Inhalt wesentlich zu verändern – so umformen, daß wir bei seiner Übersetzung in's Lateinische den frisch wiederholten Inf. Perf. Pass. verwenden können. Hat jemand eine Idee, wie das gehen könnte?

Calli: Der deutsche daß-Satz muß in's Passiv gesetzt werden, damit man im entsprechenden lateinischen aci einen passivischen Infinitiv verwenden kann; also vielleicht ›Ich weiß, daß die Spaghetti von mir nicht immer gemocht wurden‹.

Ali: Gut! Gemocht werden ist eine passivische Handlung, und geschieht wieder vor dem ›Wissen‹; welcher Infinitiv müßte also im Lateinischen bei der Bildung des aci verwendet werden?

Calli: Der gewünschte Inf. Perf. Pass.: Scio spaghettos a me non semper amatos esse.

Ali: Sehr gut, Callidus! Es geht also alles gleich wie im Aktiv: Das Subjekt des deutschen daß-Satzes – die Schüler – kommt in den Akkusativ: ›spaghettos‹; das Prädikat des deutschen daß-Satzes – gemocht werden – kommt in den entsprechenden Infinitiv: ›amatos esse‹. Und warum heißt es ›amatos‹?

Quera: Weil sich amatos nach seinem Beziehungswort spaghettos richtet; ist doch klar!

Ali: Schön. Jetzt fehlt uns nur noch der Infinitiv der Nachzeitigkeit: Was heißt entsprechend, ich weiß, daß auch Makkaroni nicht immer Spaß machen werden?

Inda: Das ›Spaß machen‹ geschieht nach dem ›Wissen‹, also ›scio maccaronos quoque non semper delectaturos esse‹!

Ali: Natürlich; ›delectaturos‹ richtet sich wieder in Genus, Numerus und Casus nach seinem Beziehungswort ›maccaronos‹. Und was heißt entsprechend: Ich weiß, daß meine Schüler in Zukunft nicht immer erfreut werden?

Ambi: Scio maccaronos a me non semper delectatum iri.

Quera: Reingefallen!

Ambi: Warum, Querula? Was habe ich denn falsch gemacht?

Quera: Du wolltest den passiven Infinitiv der Nachzeitigkeit verwenden; aber ›delectatum‹ muß sich natürlich nach seinem Beziehungswort ›discipulos‹ richten; das hast du doch vorhin erklärt, oder?

Ali: Leider hast du etwas verwechselt, Querula! Ambitiosus hat schon recht: Scio maccaronos a me non semper delecta*tum* iri, muß es heißen. Die Form ›delecta*tum*‹, Inf. Fut. Pass., bleibt stets unverändert.

Quera: Jetzt verstehe ich gar nichts mehr!

Ali: Immer mit der Ruhe! Leute, laßt lieber lautes Lamentieren! Ich schreibe noch einmal alle Veränderungen an die Tafel, die unser Beispielsätzchen erfahren kann:

84

```
Aktiv:                                  Passiv:

Scio lectiones meas                     Scio discipulos a me
non semper...                           non semper

Ich weiß, daß meine                     Ich weiß, daß die Schüler
Stunden nicht immer...                  von mir nicht immer...


1. gleichzeitig:
     ...delectare                         ...delectari
     ...Spaß machen                       ...erfreut werden

2. vorzeitig:
     ...delectavisse                      ...delectatos esse
     ...Spaß gemacht haben                ...erfreut wurden

3. nachzeitig:
     ...delectaturas esse                 ...delectatum iri
     ...Spaß machen werden                ...in Zukunft erfreut werden
```

Ali: Denkt daran: der Inf. Perf. Pass. und der Inf. Fut. Akt. werden immer an ihr Beziehungswort angeglichen, der Inf. Fut. Pass. hingegen heißt immer ›-um iri‹.
Und nun noch ein letztes Beispielsätzchen: Was heißt denn ›Vos omnia intellegisse spero‹?

Somi: Was heißt den intellegere?

Ali: Wer weiß es?

Calli: *Verstehen.*

Somi: Bitte? Ich verstehe nicht!

Calli: Verstehen!

Somi: Ja, klar, ich verstehe: Gut, ›ich hoffe, daß ... er/sie/es verstanden hat‹ – das ist schon mal vorzeitig ...; Akk. des aci dürfte ›Vos‹ sein, wird zum Subjekt des daß-Satzes ›daß ihr verstanden habt‹; fehlt nur noch das Objekt: ›Ich hoffe, daß ihr alles verstanden habt‹.

Ali: Sehr schön, Somnulus! Videmus Somnulum linguam latinam bene intellegere; sed nunc me vos satis diu delectavisse puto; salvete amici!

1. Bilde alle sechs Infinitive (lat. und dt.) der folgenden Verben:
   intellego, laboro, adiuvo, incito;

2. a) Setze in den aci:
   Beispiel: Lectio discipulos delectavit (puto)
            Lectionem discipulos delectavisse puto.

   1. Discipuli hodie multa intellexerunt (puto).
   2. Somnulus saltem interdum attentus fuit (spero).
   3. Industria magna cum industria laboravit (scio).
   4. Pictor tabulis pulchris reliquos discipulos delectavit (existimo).
   5. Multi discipuli Callidi exemplo magnopere ad discendum incitati sunt (arbitror).

   b) Setze in den aci, nun aber nach folgendem Beispiel:
   Etiam cras discipulos multa intellecturos esse spero.

   Hier noch ein kleiner Tip, der Dir bei der nächsten Übung behilflich sein kann: Der Inf.Fut. von "esse" heißt "futurum esse", manchmal auch kurz "fore".

   Vergleiche im Lösungsheft Seite 22

Sechzehnter Tag: Das Letzte vom aci – seine Funktion im Satz

Ali: Wir kommen zum letzten aci-Kapitel; wer heute noch einmal gut aufpaßt, der hat alle mit dem aci zusammenhängenden Probleme gelöst. Was heißt denn ›gaudeo vos callidos discipulos esse‹?

Inda: Ich freue mich, daß ihr (so) schlaue Schüler seid.

Ali: Richtig; und da du eine schlaue Schülerin bist, Industria, fällt dir sicher an dem Signalwort etwas auf!

Inda: Der aci, vos callidos discipulos esse, hängt von dem Verb ›gaudere‹ ab; das ist aber gar kein verbum dicendi, sentiendi oder cogitandi!

Ali: Genau! Es gibt also noch einige weitere Verben, die sich mit dem aci verbinden können; z.B. die Verben der Gemütsstimmung: sich freuen, traurig sein, sich ärgern und ähnliche Ausdrücke gehören in diese Reihe.
Außerdem steht der aci bei iubere = befehlen und bei vetare = verbieten; aber das wißt ihr ja alle. Was heißt also ›magister vetat discipulos scholam relinquere‹?

Ambi: Der Lehrer verbietet den Schülern, die Schule zu verlassen.

Quera: Aber man fragt doch: Wem verbietet der Lehrer, die Schule zu verlassen; also müßten die Schüler im Dativ stehen, oder?

Ali: Im Deutschen ist es eben anders als im Lateinischen; du mußt dir halt in Gottes Namen merken: nach vetare und iubere steht der aci, und damit basta!

Calli: Vielleicht ist es für Querula eine Hilfe, wenn wir übersetzen ›der Lehrer verbietet, daß die Schüler die Schule verlassen‹. Jetzt entspricht dem lateinischen aci wieder ein deutscher daß-Satz.

Ali: Danke, Callidus! Was heißt entsprechend: Der Lehrer befiehlt den Schülern, aufmerksam zu sein?

Quera: Soll ich das mit aci übersetzen?

Ali: Ja, nach iubere steht nämlich der aci.

Quera: Dann übersetze ich also einfach ›der Lehrer befiehlt, daß die Schüler aufmerksam sind‹?

Ali: Genau.

Quera: ›Magister iubet discipulos attentos esse‹.

Ali: Und was heißt ›oportet discipulos attentos esse‹?

Ambi: Es ist nötig, daß die Schüler aufmerksam sind.

Ali: Und nun möchte ich von euch wissen, was für daß-Sätze es jeweils waren, die wir im Lateinischen mit dem aci übersetzt haben.

Calli: Ich weiß nicht, ob das weiterhilft, aber man könnte z.B. fragen: Wen oder was befiehlt der Lehrer? Antwort: Daß die Schüler aufmerksam sind.

Ali: Gut! Der deutsche daß-Satz steht also stellvertretend für einen Satzteil, nämlich für das Akkusativobjekt. Mit aci übersetzt man demnach deutsche daß-Sätze, die ein Objekt vertreten, sog. Objektsätze.

Calli: Und wie steht es mit ›es ist nötig, daß die Schüler aufmerksam sind‹? Da fragt man doch wer oder was ist nötig, oder?

Ali: Eben, und das ist das Neue: Bisher hatten wir es mit acis zu tun, die stellvertretend für ein Akkusativobjektiv standen. In dem Satz ›oportet discipulos attentos esse‹ dagegen ist der aci Subjekt: Wer oder was ist nötig? Antwort: Daß die Schüler aufmerksam sind. Weiß jemand, bei welchen Verben der aci Subjekt sein kann?

Ambi: Bei den unpersönlichen Ausdrücken.

Quera: Wie bitte?

Ali: Ambitiosus hat recht: Der aci steht als Subjekt bei den unpersönlichen Ausdrücken; das sind die Verben, die im Deutschen mit ›es...‹ übersetzt werden, Querula.

Quera: Also z.B. ›es ist ärgerlich, daß Ambitiosus alles besser weiß‹?

Ali: Richtig. ›Es ist ärgerlich‹, ›indignum est‹, ist ein typischer unpersönlicher Ausdruck. Was heißt also z.B. (leicht gereizt) ›indignum est Querulam Ambitiosum saepe offendere‹?

Calli: Es ist ärgerlich, daß Querula den Ambitiosus ständig beleidigt.

Ali: So ist es. Betrachten wir zum Abschluß noch den Satz: ›Linguam Latinam pulchram esse scimus‹. Anabella, versuch' doch bitte eine Übersetzung!

Bella: Nach dem Signalwort ›scimus‹ steht wieder aci: ›linguam Latinam pulchram esse‹; also heißt es: ›Wir wissen, daß die lateinische Sprache schön ist‹.

Somi: Ich weiß, daß ich das nicht weiß.

Ali: Und was für einen Satzteil vertritt der deutsche daß-Satz ›daß die lateinische Sprache schön ist‹?

Bella: Der daß-Satz steht stellvertretend für ein Akkusativobjekt: ›Wen oder was wissen wir?‹ Antwort: ›daß die lateinische Sprache schön ist‹.

Ali: Gut, Anabella! Und jetzt ersetzen wir das Signalwort ›scimus‹ durch einen unpersönlichen Ausdruck; weiß jemand einen passenden?

Calli: Zum Beispiel ›linguam Latinam pulchram esse constat‹, ›es steht fest, daß die lateinische Sprache schön ist‹.

Ali: Jawohl; und welchen Satzteil vertritt der deutsche daß-Satz jetzt?

Calli: Er vertritt das Subjekt: ›Wer oder was ist bekannt?‹ Antwort: ›daß die lateinische Sprache schön ist‹.

Ali: Genau! Damit bin ich für heute mit meinem Latein am Ende; ich fasse noch einmal zusammen:

```
Der aci steht:

1.  als Objekt, bei

    a) den Verba dicendi, sentiendi und cogitandi
    b) den Verben der Gemütsstimmung
       (sich freuen, traurig sein, sich ärgern u.ä.)
    c) bei iubere (= befehlen) und vetare (= verbieten)

2.  als Subjekt bei unpersönlichen Ausdrücken
    (es ist ärgerlich, es ist richtig, es steht fest usw.)
```

Ali: Und wer noch Lust hat, diese Übungen zu machen, darf sich rühmen, ein discendi cupidus (= Lernbegieriger) zu sein.

Pici: Puto porcum meum sibilare! (porcus, i, m. = das Schwein; sibilare = pfeifen)

1. Wie Du jetzt vielleicht schon auf Anhieb erkennst, enthalten die folgenden vier Sätze jeweils einen aci, der von einem verbum dicendi, sentiendi oder cogitandi abhängig ist. Ersetze jeweils das Signalwort durch einen der folgenden unpersönlichen Ausdrücke: constat, oportet, spes est (es besteht Hoffnung, daß), dedecet (= non decet); welcher unpersönliche Ausdruck paßt zu welchem Satz?

   1. Videmus magistrum irasci.
   2. Puto discipulos attentos esse.
   3. Scimus Ambitiosum puerum callidum esse.
   4. Speramus omnes discipulos hodie multa didicisse.

2. Verbinde die Satzhälften der linken Spalte (1 - 4) mit der jeweils passenden Satzhälfte aus der rechten Spalte (a - d):

   1. Magister dolet   a) se omnia intellexisse
   2. Discipuli gaudent   b) discipulos fumare (= rauchen)
   3. Magister vetat   c) Querulam semper cum Ambitioso litigare
   4. Querula moleste fert   d) Ambitiosum tam prudentem esse

   Vergleiche im Lösungsheft Seite 22

Siebzehnter Tag: Ein aci-Übungstag für Fortgeschrittene

Welch ein Segen, heute morgen fällt der Unterricht aus. Alle dürfen sich selbst beschäftigen. Callidus beschließt, sich noch ein bißchen auszuruhen. Nicht weil er in der letzten Nacht nicht richtig geschlafen hätte (naja!), nein, er ist einfach todmüde von den vielen Grammatikübungen; erschöpft läßt er sich auf sein Bett fallen. Doch so gerne er es auch täte, er kann nicht einschlafen, weil ihm die Sonne durch das offene Fenster genau ins Gesicht brennt. Leicht verärgert beschließt er, sein Bett ein Stück zu verrutschen.

Dabei bemerkt er ein altes, vergilbtes, mehrfach zusammengefaltetes Stück Zeitungspapier, das jemand vor längerer Zeit unter den einen Fuß des Bettes geschoben haben muß, damit es nicht mehr wackelte. Neugierig entfaltet er das Zeitungsblatt. Es ist die Titelseite des »Nuntius Cottidianus Romanus«, einer noch jetzt erscheinenden römischen Tageszeitung. Allerdings ist das Exemplar schon über zehn Jahre alt, wie Callidus anhand des Datums feststellt. Das Blatt enthält ein Bild von einem gewissen Herrn Cicero. Außerdem kommen Namen vor wie »Catilina« oder »Caesar«. Callidus, der diese Namen alle schon einmal gehört hat, beschließt, den Herbergsvater Dominus zu fragen, was es damit auf sich habe.

Er findet Dominus auf seinem gewohnten Platz an dem Tischchen in der Eingangshalle. »Oh ja, ich erinnere mich noch gut an die Geschichte«, sagt Dominus, als er den Zeitungsartikel überfliegt. »Das war vor gut zehn Jahren; eine Riesenstreiterei gab es damals im Senat. Catilina hatte versucht, mit seiner Räuberbande die rechtmäßige Regierung Roms zu stürzen. Der Plan war aber mißlungen, und Catilina war mit seinen Helfershelfern verhaftet worden. Sollte man ihn nun zum Tode verurteilen? Ein Teil der Senatoren war unbedingt dafür, andere wiederum waren dagegen, weil der Tod – wie sie argumentierten – gar keine besonders harte Strafe sei. Der arme Cicero, der die Sache damals als Consul entscheiden mußte. Ich beneidete ihn nicht um sein hohes Amt. Da geht es uns einfachen Leuten doch besser, die ...« »Können Sie mir den Artikel nicht übersetzen?« unterbricht ihn Callidus, »die Sache interessiert mich nämlich brennend.« »Mach' du das nur selbst, mein Junge«, antwortet Dominus, »du willst doch Latein lernen, oder?«

Die Müdigkeit hat Callidus längst verlassen; gleich legt er sich mit einem Wörterbuch und dem Zeitungsartikel auf sein Bett und macht sich an die Arbeit. Er stellt fest, daß er schon ganz gut lateinisch Zeitung lesen kann (siehe Seite 92).

Und als er weiterblättert, fällt ihm ein altes Übungsblatt in die Finger. Ob das wohl aus einem früheren Kurs stammt? Jedenfalls erscheint es ihm recht vielversprechend, eine pikante Geschichte. Und auf einmal ist er überhaupt nicht mehr müde (siehe Seite 93 und 94).

Nvntivs Cottidianvs Romanvs

VI.XII.LXIII A.C.N. Liberalis · nemini parens · objectivus Romae impressus

Cicero Consul Caput Coniuratorum · Catilinaeque cupit ? Quid faciet Senatus ??

-Mendax correspondentus scripsit- Heri Cicero, Consul magna eloquentia, praeclaram orationem in senatu habuit: Eam orationem duas factiones senatorum esse monstrantem hic edere oportet:

" Video duas adhuc esse *sententias, unam sententiam Decimi Silani: is enim censet eos, qui haec omnia delere *conati sunt, morte esse *multandos; alteram sententiam autem C. Caesaris, qui mortis poenam *removet, sed omnes *acerbitates ceterorum *supliciorum *amplectitur. Alter eos, qui nos omnes vita privare conati sunt, vita *frui non *oportere putat; alter intellegit mortem a dis immortalibus non esse poenam sed necessitatem a natura *constitutam esse."

Ita Cicero consul ad senatores locutus est, ita nos ad lectores tradimus.

Oratio audita tamen *quaerendum est, quem ad finem Consul ita *disserat: Negatne ipse poenam mortis? Nescimus quid faciat - num ipse scit?

Cicero heri orationen habuit

sententia - die Meinung
conari,or,atus sum - versuchen
multare - bestrafen
removere - hier:ablehnen
acerbitas,tatis,f - die Härte
supplicium,i,n - die Strafe
amplecti,or,exus sum - hier:einschließen
frui,or,ctus sum - genießen (+Abl.)
non oportere - nicht dürfen
constituere,o,ui,tutum - festlegen
quaerere,o,sivi - fragen
disserere,o,erui,sertus - besprechen, auseinandersetzen

Szenen einer Ehe

Die Beteiligten: Juppiter, Iovis   : Jupiter, höchster Gott der Römer; heute würde man sagen: ein Schürzenjäger!
                    Iuno, Iunonis, f : Juno, seine gewichtige Frau.
                    Io, f   : Die Nymphe Io, jung und schön.

1. Aliquando Juppiter, deus maximus, nympham pulcherrimam in Graecia vivere cognovit. Deus maximus subito amore captus!
2. Sed uxor divina, Iuno, puellas forma eximia[1] ab Iovi valde diligi scivit.
3. Ea de causa Iunonem animum tendere[2] oportuit cum maritus[3] se apud homines vagari[4] velle dixit.
4. Dea igitur in summo monte nomine Olympo resedit[5] viditque maritum per Graeciam ambulare.
5. Juppiter autem, cum se ab uxore observari intellegeret statim nebulas atras colligi[6] iussit.
6. Nunc Iuno propter eum dolum iratissima magnis itineribus[7] monte descendit.
7. Deus interea[8], quod tutum se esse putavit ad nympham cui nomen 'Io' erat, accedit.
8. Voce dulci blandaque[9] ipsam virginem pulcherrimam esse susurravit.[10]

Vokabeln:

1	eximius, a, um	hervorragend, besonders
2	animum tendere	aufpassen, achtgeben
3	maritus	Gatte
4	vagari, or, atus sum	umherstreifen
5	residere, eo, edi	sitzen
6	colligere, o, legi, lectum	sammeln
7		in Eilmärschen
8	interea	inzwischen
9	blandus, a, um	schmeichlerisch
10	susurrare	ins Ohr säuseln, flöten

9. Io autem se decipi non sivit: "Omnes viros ita loqui[11] solere apertum est, si virginem pulchram osculari[12] volunt; quare te meum favorem[13] non attingere[14] posse constat!"
10. Eo momento Iuno furiosa advenit. Ubi[15] Juppiter uxorem carissimam se aggredi[16] comperit[17], nympham carmine magico iuvencam[18] facere constituit. Callidum[19] se esse putavit!
11. Iuno cum fraudem statim committi[20] perspicit, iuvencam magno clamore per totam orbem agitavit.
12. Cum iam ad Aegyptum pervenirent, deus maximus minima voce confirmavit se uxorem solam amare neque iam nympham spectare velle. Ita Iuno formam humanam virgini reddi[21] consensit.

Vokabeln:

11	loqui, or, locutus sum	reden, sprechen
12	osculari	küssen
13/14	favorem attingere	Gunst erringen
15	ubi	sobald
16	aggredi	tut der Aggressor: angreifen
17	comperire, io, eri, compertum	verstehen, begreifen
18	iuvenca, ae, f	Kuh
19	callidus, a, um	schlau
20	fraudem committere	ein Verbrechen, Betrug begehen
21	reddere, o, didi, ditum	zurückgeben

Vergleiche im Lösungsheft Seite 29

Achtzehnter Tag: Vom aci zum nci

Ali: Toll, ihr seid ja fit wie ein sandalium sportivum (= Turnschuh)! Aber jetzt müssen wir noch mal an Latein, trotzdem bleiben wir auf dem Sportplatz: Multos discipulos in gymnasio esse video.

Quera: Nein! Nicht schon wieder aci! Du hast doch vorgestern versprochen, dieses leidige Kapitel sei jetzt endlich abgeschlossen!

Ali: Geduld, Querula! Es bleibt dabei, heute kommt etwas Neues; aber um diese Neuheit besser zu verstehen, beginnen wir am besten mit einer aci-Konstruktion. Übersetze also bitte!

Quera: Gut, wenn's denn sein muß: ›Video‹, ›ich sehe‹, davon abhängig der aci ›multos discipulos in gymnasio esse‹: ›Ich sehe, daß viele Schüler auf dem Sportplatz sind‹.

Ali: Richtig! Und nun ein ganz ähnlicher Satz; doch zunächst eine Vorfrage: Weiß jemand, was ›videri‹ heißt?

Somi: Sag' mal, Ali, auf dem Schild da ... da steht doch auch was mit videre ... was heißt denn das?

Ali: Na, übersetze es doch einfach mal!

Omi: Hmm, Prädikat ist ›non libenter videtur‹, ›es wird nicht gerne gesehen‹. Dann kommt ›daß‹ und der Infinitiv ›intrare‹, ›er, sie es tritt ein. Tja, wer denn? Bleibt nur: ein Schüler, und der Rest: ohne Sportschuhe. Es wird nicht gerne gesehen, daß ein Schüler ohne Sportschuhe eintritt.

Calli: Aber irgendetwas stimmt doch hier nicht! Wir reden über den aci und wenn Omis Übersetzung richtig ist, müßte ›ein Schüler‹ als Subjekt des daß-Satzes im Lateinischen doch der Akkusativ vom aci sein. Discipulus ist aber dick und fett Nominativ!

Ali: Goldrichtig, Calli! Jetzt sehen wir uns die beiden Sätze noch einmal nebeneinander an. Achtet bitte auf einen Unterschied bei den Prädikaten!

---

1. "Multos discipulos in gymnasio esse video."

2. "Discipulis sine sandaliis sportivis intrare non libenter videtur."

Calli: Das Hauptverbum ›video‹ ist ins Passiv getreten.
Ali: Wenn du nun von ›er, sie, es wird nicht gerne gesehen‹ ausgehst, wie würdest du weiterhin fragen?
Calli: Na, was? oder von mir aus auch wer? wird nicht gerne gesehen?
Ach so, klar ... da muß zuerst das Subjekt genannt werden und das steht im Nominativ.
Ali: Genau. Bei einem Verb wie videre fragt man im Aktiv wen oder was sieht er, sie, es? Das wäre ein aci. Wenn das Verb ins Passiv tritt: *Es* wird nicht gerne gesehen, fragt man natürlich zuerst: *Was* wird nicht gerne gesehen? Und da steht dann anstelle des aci im Aktiv im Passic ein nci. Das wollen wir jetzt kurz zusammenfassen:

Ali: Natürlich, das ist ganz wörtlich, aber mit einem daß-Satz hört es sich doch besser an, finde ich.
Inda: An das mit dem nci und so kann ich mich noch aus der Schule erinnern. Aber ich glaube, wir haben ›videtur‹ meistens mit ›es scheint‹ übersetzt. Und außerdem hatten wir auch noch den Plural, ›videntur‹.
Ali: Das stimmt, klar. Meistens kommt man mit ›es scheint‹ zu einer prima Übersetzung. Können wir auch noch kurz machen, ein Satz reicht uns dafür jetzt, da uns der nci noch etwas länger beschäftigen wird. Dreht doch mal das Schild um, da wollte nämlich irgendjemand unseren Herbergsvater Dominus ärgern!
Dominus ipse hunc praeceptum numquam legere videtur.

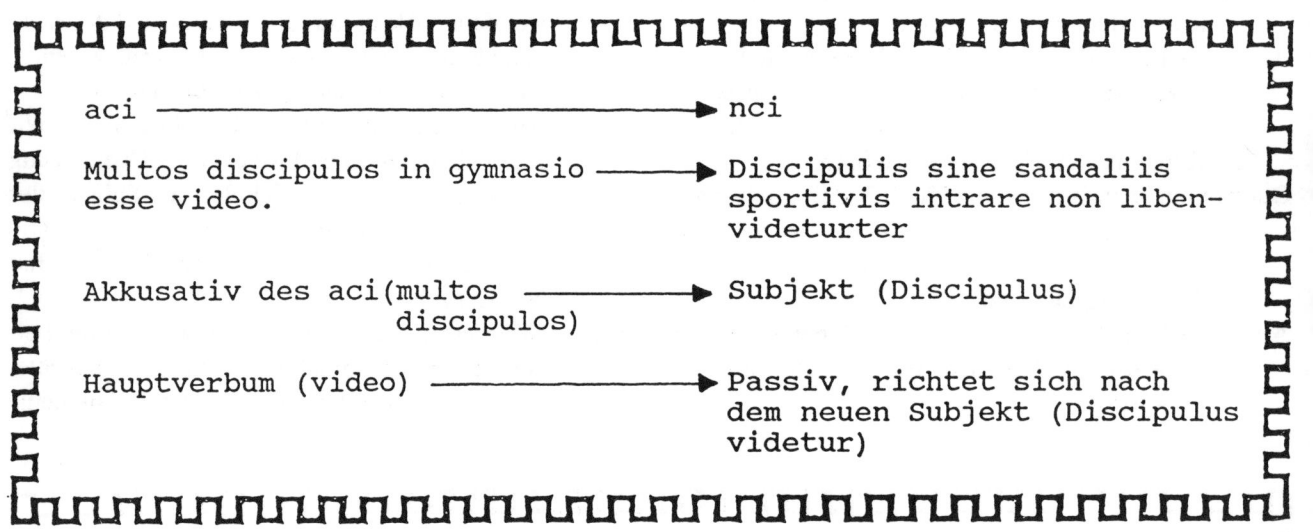

Ambi: Wenn man den Nominativ noch deutlicher sehen will, könnte man doch auch sage: Ein Schüler wird nicht gerne ohne Turnschuhe eintreten gesehen, oder?

Somi: Ich glaube, das kriege ich hin: Ich fange mit dem Prädikat an und übersetze es jetzt eben mit: ›Es scheint‹, dann gleich ›daß‹ dazu. Dann die nci-Konstruktion ›Dominus ipse ... numquam legere‹ ... daß Dominus selbst ... niemals liest. Wen oder was? Diese Vorschrift. Es scheint, daß Dominus selbst diese Vorschrift niemals liest.

Quera: Eine Frage habe ich doch noch: Was passiert eigentlich mit dem Subjekt des aci-Satzes? ›Ich sehe, daß ...‹ Im nci-Satz mit ›es scheint, daß ...‹ kann man doch immer nur ›es‹ als Subjekt haben?

Ali: Da hast du eine wichtige Beobachtung gemacht, Querula! Das Subjekt des aktiven aci-Satzes – in unserem Fall ›video‹, ›ich sehe‹ – fällt bei der passiven nci-Konstruktion sozusagen unter den Tisch. ›Querula experrecta esse videtur‹!

Quera: Was heißt das nun schon wieder?

Ali: ›Experrectus -a -um‹ heißt ›aufgewacht‹; den Rest kannst du dir sicher denken, Querula! Und mit dieser Übung habt ihr es für heute wieder mal geschafft:

Mache die folgenden Sätze von "videmus" abhängig, setze also in den aci; dann sollen die so entstandenen aci-Konstruktionen in den nci umgewandelt werden.; übersetze auch!
Beispiel: Querula experrecta est
    1. Querulam experrectam esse videmus
       (Wir sehen, daß Querula erwacht ist).
    2. Querula experrecta esse videtur
       (Querula scheint erwacht zu sein).

1. Somnulus somniat.   (somnare = träumen)
2. Querula hodie omnia intellexit.
3. Annabella a multis pueris amatur.
4. Aquiloculus magister severus est.

Vergleiche im Lösungsheft Seite 22

Neunzehnter Tag: Ein Akkusativ zuviel

Heute morgen hat Ali eine Überraschung auf Lager. Er geht mit allen in die Eisdiele. Doch nachdem er jeder und jedem ein Eis spendiert hat, kommt er schon wieder auf sein Latein zurück.

Ali: Nun, nach dieser kleinen Stärkung wollen wir unsere ganze Aufmerksamkeit wieder dem nci zuwenden! ›Annabellam glaciem valde amare videmus‹.

Inda: Was heißt ›glaciem‹?

Ali: ›Glaciem‹ ist der Akkusativ Singular zu ›glacies -ei, f‹, das heißt ›das Eis‹.

Inda: Also: ›Wir sehen‹, davon abhängig der aci ›Annabellam amare‹, ›daß Annabella liebt‹; wen oder was liebt sie? ›das Eis‹; demnach heißt der ganze Satz: ›Wir sehen, daß Annabella ihr Eis sehr mag‹.

Quera: Und jetzt soll der aci in einen nci verwandelt werden, nicht wahr? So weit waren wir gestern auch schon einmal!

Ali: Dann mach' es doch bitte gleich, Querula, wenn das alles olle Kamellen für dich sind!

Quera: Der Akkusativ des aci – also ›Annabellam‹ – wird Subjekt; das Verbum – ›videmus‹ in unserem Fall – kommt ins Passiv; Ergebnis: ›Annabella valde amare videtur‹.

Ali: Und was passiert mit ›glaciem‹? Der Satz soll doch heißen: ›Annabella scheint *ihr Eis* sehr zu lieben‹!

Quera: Ja, richtig! ›Glaciem‹ ... also ... äh ... Muß jetzt ›glaciem‹ in den Nominativ oder nicht?

Ali: Du siehst also, der Satz hat doch seine für uns interessanten Neuheiten! Betrachten wir noch einmal den aci, von dem wir ausgingen: ›Videmus‹, davon abhängig ist dann ›Annabellam glaciem valde amare‹. In diesem aci gibt es zwei Akkusative, nämlich ›Annabellam‹ und ›glaciem‹; kann jemand die grammatikalische Funktion dieser beiden Akkusative noch einmal erläutern? Wir haben dieses Problem im Zusammenhang mit dem aci ja schon besprochen.

Ambi: ›Annabellam‹ ist der Subjektsakkusativ; er wird bei der Übersetzung Subjekt des deutschen daß-Satzes: ›Wir sehen, daß *Annabella* ... mag‹. ›Glaciem‹ ist dagegen Objekt zum Infinitiv ›amare‹: ›Wir sehen, daß sie *ihr Eis* sehr mag‹.

Ali: Wenn wir nun den Satz ›videmus Annabellam glaciem valde amare‹ in den nci verwandeln, welches Verbum tritt dann ins Passiv: ›Videmus‹ oder der Infinitiv ›amare‹?

Quera: Das Hauptverbum ›videmus‹.

Ali: Genau; und der Infinitiv ›amare‹ bleibt unverändert im Aktiv: ›Annabella amare videtur‹; was passiert dann mit ›glaciem‹, dem Objekt zu ›amare‹?

Quera: ›Glaciem‹ muß dann auch im Akkusativ bleiben, weil ›amare‹ als ein aktives Verb weiterhin ein Akkusativobjekt bei sich hat: ›Annabella *glaciem* valde amare videtur‹.

Ali: Ganz genau; ich fasse noch einmal zusammen:

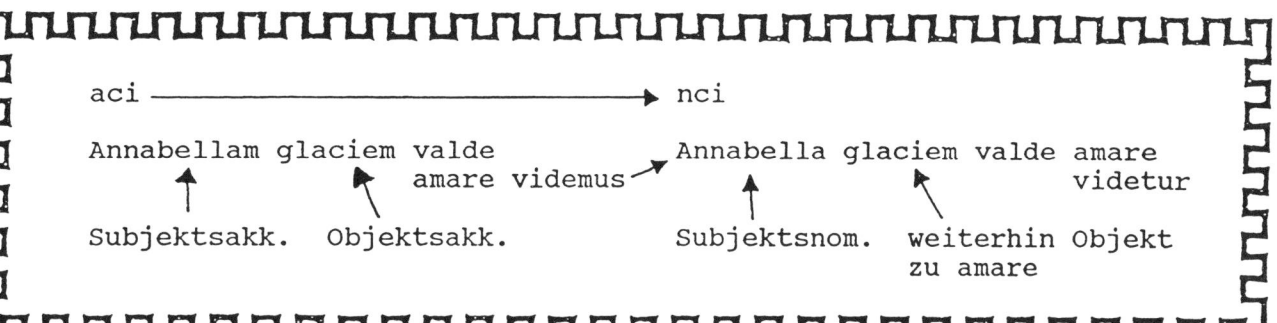

Ali: Wenn ein aci in einen nci verwandelt wird, dann tritt wohl der Subjektsakkusativ in den Nominativ; ist aber noch ein Objektsakkusativ dabei, so bleibt dieser auch im nci als Akkusativ erhalten. Schauen wir uns noch ein weiteres Beispiel an: ›Ardorem Aquiloculum a lectionibus non abstinere videmus‹. ›Ardor, -oris, m‹ heißt ›die Hitze‹ und ›abstinere a‹ heißt ›von etwas abhalten‹.

Calli: Hauptverbum ist wieder ›videmus‹; jetzt stehen uns zwei Akkusative zur Auswahl: ›ardorem‹ und ›Aquiloculum‹; ich glaube, ›ardorem‹ ist der Subjektsakkusativ des aci: ›Videmus ardorem non abstinere‹, ›wir sehen, daß die Hitze nicht abhält‹; ›Aquiloculum‹ ist dann das Objekt zu ›abstinere‹: ›Wir sehen, daß die Hitze den Aquiloculus nicht von den Unterrichtsstunden abhält‹, heißt dann der ganze Satz.

Ali: Und nun bitte das Ganze in den nci umwandeln! Querula, versuch' es einmal!

Quera: Du hast wohl noch nie etwas von hitzefrei gehört, wie? Aber, na gut! Der Subjektsakkusativ ›ardorem‹ wird Satzsubjekt, ›videmus‹ kommt ins Passiv: ›Ardor non abstinere videtur‹, ›die Hitze scheint nicht abzuhalten‹. Der Rest bleibt stehen, ›Aquiloculum‹ bleibt weiterhin Objekt zu ›abstinere‹: ›Ardor Aquiloculum a lectionibus non abstinere videtur‹, ›die Hitze scheint den Ali nicht von den Unterrichtsstunden abzuhalten‹.

Ali: Bravo, Querula! Und weil ihr trotz der stechenden Sonne so aufmerksam mitgemacht habt, machen wir jetzt doch noch hitzefrei.

Zwanzigster Tag: Der nci nach videri und dici

Ali: ›Vos rursus valere video!‹

Bella: ›Video‹, ›ich sehe‹, davon abhängig der aci ›vos valere‹; was heißt nochmal ›valere‹?

Ali: ›Stark sein‹, ›bei Kräften sein‹, aber das solltet ihr eigentlich wissen.

Bella: Also gut, ›ich sehe, daß ihr wieder bei Kräften seid‹.

Ali: Und nun das Ganze im nci!

Inda: Der Akkusativ des aci – ›vos‹ also – wird Subjekt, das Hauptverbum ›video‹ kommt ins Passiv und richtet sich nach dem neuen Sujekt ›vos‹: ›Vos rursus valere videmini‹, ›ihr scheint wieder bei Kräften zu sein‹.

Ali: Alles richtig, Industria; was für ein Fall ist jetzt ›vos‹?

Inda: ›Vos‹ ist jetzt Subjekt und damit Nominativ.

Calli: Kann man sich das ›vos‹ dann nicht sparen? Es steckt ja schon im Verb ›videmini‹?

Ali: Wie würde der Satz dann heißen?

Calli: Einfach ›rursus valere videmini‹.

Ali: Da hast du recht, Callidus. Nun stellt euch vor, ihr müßtet so einen Satz wie ›rursus valere videmini‹ aus dem Lateinischen ins Deutsche herübersetzen. Was könnte dabei Schwierigkeiten machen?

Inda: Man kommt vielleicht gar nicht auf die Idee, daß man es mit einem nci zu tun hat, weil der dazu nötige Nominativ nicht ausdrücklich dasteht, sondern im Verbum enthalten ist.

Ali: So ist es; wir merken uns also:

---

1. Der Nominativ des nci braucht nicht immer ausdrücklich genannt zu sein, sondern kann auch im Verbum stecken.

2. Das Hauptverbum braucht beim nci nicht immer in der dritten Person zu stehen: Es braucht also nicht immer "videtur" oder "videntur" heißen, sondern kann durchaus auch einmal "videmini" lauten.

Quera: Aber wie soll man denn einen nci erkennen können, wenn der Nominativ des nci weggelassen wird? Ich kann doch nicht hellsehen!
Ali: Das verlangt auch niemand von dir, Querula!
Ambi: Da ist ja auch noch der Infinitiv, der auf den nci hindeutet.
Ali: Eben! Und außerdem steht der nci, wie der aci, nur bei bestimmten Verben, die uns – wie Signale im Straßenverkehr – beim Übersetzen auf die richtige Fährte bringen.
Quera: Und welche Verben sind das bitte?
Ali: Die werden wir jetzt alle schön der Reihe nach kennenlernen. Ein wichtiges wißt ihr ja schon: ›Videri‹ mit nci heißt ›scheinen‹. Und nun zum nächsten nci-Verbum: ›Nonnulli dicunt virum Italicum glaciem invenisse‹.
Calli: ›Nonnulli dicunt‹, ›manche sagen‹; davon abhängig ein aci: ›virum Italicum invenisse‹, ›daß ein italienischer Mann erfunden habe‹; nun fehlt nur noch ›glaciem‹, der zweite Akkusativ im Satz; ›glaciem‹ ist das Objekt zum Infinitiv ›invenisse‹. Demnach lautet der ganze Satz: ›Manche sagen, daß ein Italiener das Speiseeis erfunden habe.‹
Ali: Jawohl! Und nun bitte das Ganze im nci!
Calli: Der Subjektsakkusativ ›virum Italicum‹ wird Subjekt; das Hauptverbum ›dicunt‹ kommt ins Passiv und richtet sich nach seinem neuen Subjekt: ›Vir Italicus invenisse dicitur‹. Nun fehlt nur noch ›glaciem‹, das bleibt aber Akkusativ, weil es weiterhin Objekt zum Infinitiv ›invenisse‹ bleibt: ›Vir Italicus glaciem invenisse dicitur‹.
Ali: Und nun möchte ich eine wörtliche Übersetzung der so entstandenen nci-Konstruktion hören.
Bella: ›Ein Italiener wird gesagt das Eis erfunden zu haben.‹
Ali: So ist es; doch ehe mir Querula wieder eine Rüge erteilt, müssen wir eine Übersetzung finden, die man auch im Deutschen leicht versteht. Bei ›videri‹ hat uns das deutsche Wort ›scheinen‹ aus der Patsche geholfen; weiß jemand ein ähnliches Hilfsmittel für den obigen Satz? Wie könnte man zum Ausdruck bringen, daß ›gesagt wird‹, ein Italiener habe das Eis erfunden?
Calli: Könnte man vielleicht sagen, ›ein Italiener soll das Eis erfunden haben‹?
Ali: Volltreffer, Callidus! Wie man ›videri‹ + nci am besten mit ›scheinen‹ übersetzt, so ist bei ›dici‹ + nci das deutsche ›sollen‹ die ideale Übersetzungshilfe. Ich mache noch ein weiteres Beispiel: ›Magister severus esse dicor‹.
Ambi: Der Nominativ des nci ist ›ich‹, wie die Form ›dicor‹ zeigt: ›Ich werde gesagt ein strenger Lehrer zu sein‹, besser übersetzt ›ich soll angeblich ein strenger Lehrer sein‹.
Quera: Und wo steht ›angeblich‹?
Ambi: Das habe ich hinzugefügt, um den Sinn des Satzes deutlicher zu machen.
Ali: Magistri severi esse dicuntur. Valete amici! Und bitte die schriftlichen Übungen nicht vergessen!

In die folgenden Sätze 1 - 5 ist jeweils ein Satz aus der Kolonne a - e als aci einzubauen. Die entstandene aci-Konstruktion ist dann in den nci zu verwandeln (Übersetzung von aci und nci nicht vergessen!).

1) Magister dicit	a) Noctu parum (zu wenig) dormimus.
2) Scriptores dicunt	b) Sol quotannis (jedes Jahr) tantopere (so sehr) ardet (brennen)
3) Dominus dicit	c) Cicero consul severus fuit.
4) Videmus	d) Aquiloculus non bene videt.
5) Romani dicunt (hier: Einwohner von Rom)	e) Discipuli industrii sumus.

Beispiel: Zu 1) gehört e):

Magister dicit nos esse discipulos industrios = der Lehrer sagt, daß wir fleißige Schüler seien.

Discipuli industrii esse dicimur = wir sollen angeblich fleißige Schüler sein.

Vergleiche im Lösungsheft Seite 22

Einundzwanzigster Tag: Dritter Ruhetag

Heute läuft Pictor wieder zu seiner Glanzform auf:

Zweiundzwanzigster Tag: Ein Wiedersehen mit den verba dicendi, sentiendi und cogitandi

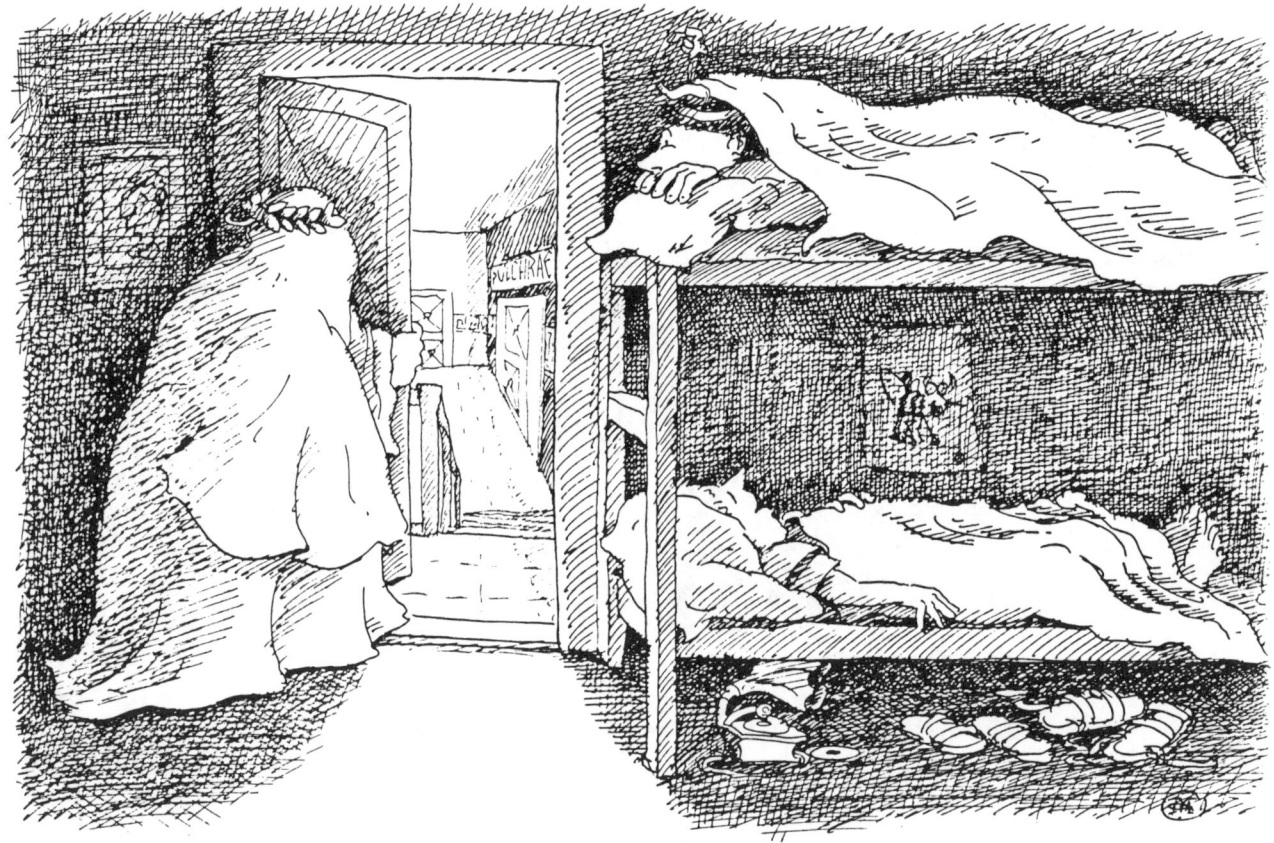

Ali: Querula, lies doch bitte einmal den zweiten Satz deiner Übungen, die du gestern gemacht hast!

Quera: ›Scriptores dicunt Ciceronem consulem severum fuisse, die Schriftsteller sagen, Cicero sei ein strenger Konsul gewesen.‹

Ali: Gut, Querula. Du hast das richtige Satzpaar verknüpft. Ich greife diesen Satz noch einmal auf, weil man an dieser Stelle für ›dicunt‹ auch noch ein anderes Verb gut verwenden könnte: Was hieße denn, ›die Schriftsteller überliefern‹?

Ambi: ›Scriptores tradunt‹.

Ali: Ja; eine weitere Möglichkeit wäre ›scriptores ferunt‹; ›ferre‹ heißt ja sonst ›tragen‹, aber in diesem Zusammenhang heißt es auch ›berichten, überliefern‹. Unser Satz hieße dann ›scriptores tradunt (ferunt) Ciceronem consulem severum fuisse‹, deutsch ›die Schriftsteller berichten, daß Cicero ein strenger Konsul gewesen sei‹. Diesen Satz kann man jetzt wieder in den nci setzen; Annabella, versuch es doch gleich einmal!

Bella: ›Ciceronem‹ – der Akkusativ des aci – wird Satzsubjekt, das Verb muß ins Passiv: ›Cicero consul severus fuisse traditur (fertur)‹, deutsch ›Cicero wird berichtet, ein strenger Konsul gewesen zu sein‹.
Ali: Und wer weiß eine verständlichere deutsche Übersetzung?
Calli: Man könnte wieder sagen, ›Cicero soll ein strenger Konsul gewesen sein‹.
Ali: Genau! Wir merken uns also: Dicere, tradere und ferre werden im Passiv oft mit einem nci verknüpft; die Patentübersetzung lautet dann ›sollen‹. Pictor, wiederhole das bitte noch einmal, du sagst in letzter Zeit so wenig!
Pici: Ich ... ich hab' gerade nicht aufgepaßt.
Ali: Nanu, Pictor? Du enttäuschst mich aber sehr! Te discipulum attentum esse existimabam! Versuche es doch und übersetze den lateinischen Satz, den ich gerade gesagt habe!
Pici: Also ... äh ... aci, abhängig vom Hauptverbum ›existimabam‹: ›Ich glaubte, daß du ein aufmerksamer Schüler seist.‹
Ali: Genau das habe ich geglaubt; und jetzt verwandle den aci bitte in einen nci!
Pici: Der Subjektsakkusativ ›te‹ wird wieder Satzsubjekt; das Hauptverbum ›existimabam‹ muß ins Passiv, bezogen auf das neue Subjekt ›Du‹; also 2. Person Singular: ›Tu discipulus attentus esse existimabaris.‹
Ali: Wobei man sich das einleitende ›tu‹ wieder sparen kann, weil es schon durch die Verbform ›existimabaris‹ zum Ausdruck kommt. Und was heißt ›discipulus attentus esse existimabaris‹ auf deutsch?
Pici: Wörtlich ›Du wurdest geglaubt ein aufmerksamer Schüler zu sein‹; aber das kann man natürlich nicht so stehen lassen. Man könnte z.B. sagen: ›Man glaubte, du seist ein aufmerksamer Schüler.‹

Ali: Gut, Pictor! So langsam kommst du wieder in Fahrt! Was für ein Verbum ist ›existimare‹ denn?
Pici: Ein verbum cogitandi, ein Verb also, das mit Denken zu tun hat.
Ali: Und nun faßt einmal zusammen: Welche Verben haben wir bisher mit dem nci verknüpft?
Inda: Videre, dicere, tradere, ferre (in der Bedeutung von ›berichten‹) und existimare.
Ali: Gehören diese Verben alle zu einer Gruppe? Einer Gruppe vielleicht, die wir in anderem Zusammenhang schon einmal kennengelernt haben?
Inda: Es sind alles verba dicendi, sentiendi und cogitandi.
Ali: Und damit ist das entscheidende Stichwort gefallen: Der nci kann sich also – wie der aci – mit allen verba dicendi, sentiendi und cogitandi verbinden. Noch ein letztes Beispiel hierzu: ›Cognoscimus nominativum cum infinitivo difficultates non afferre.‹
Quera: Was heißt ›difficultates afferre‹?
Ali: Wörtlich ›Schwierigkeiten herbeibringen‹, also ›Schwierigkeiten machen‹.
Quera: ›Cognoscimus‹, ›wir erkennen‹, ist ein verbum cogitandi; davon abhängig ist der aci ›nominativum cum infinitivo difficultates non afferre‹; der ganze Satz heißt also: ›Wir erkennen, daß der nci keine Schwierigkeiten macht.‹ Schön wär's! Und nun das Ganze im nci: Der Akkusativ des nci – in unserem Falle ›nominativum (cum infinitivo)‹ – wird Subjekt, das Hauptverbum – ›cognoscimus‹ also – kommt ins Passiv: ›nominativus cum infinitivo difficultates non afferre cognoscitur‹, wörtlich übersetzt ›der nci wird erkannt keine Schwierigkeiten zu machen‹.
Ali: Und in besserem Deutsch?
Quera: ›Man erkennt, daß der nci keine Schwierigkeiten macht.‹

Ali: Gut, Querula, contentus sum! Nächste Stunde kommen noch zwei weitere Verben, die sich gerne mit dem nci verbinden, und dann wißt ihr bereits alles, was ihr zum Thema nci wissen müßt.

Satzpuzzle:

Die folgenden Einzelwörter sind zu sinnvollen Sätzen zusammenzufügen; sicherheitshalber sind auch die Satzzeichen, die in jedem Satz vorkommen, mit angegeben. Und noch ein kleiner Tip: In jedem Satz kommt ein nci vor.

Beispiel:

esse　　　　　　　　Somnulus, discipulus semper fessus, contentus
discipulus　　　　　esse videtur.
videtur
semper
Somnulus
contentus
fessus (= müde)
, , .

1. lingua　　　　　2. suos　　　　　　3. scire
　 saepe　　　　　　　 Aquiloculus　　　　Callide
　 delectari　　　　　 valde　　　　　　　 paene (=beinahe)
　 Latina　　　　　　　 libros　　　　　　　putaris
　 videmur　　　　　　 dicitur　　　　　　omnia
　 .　　　　　　　　　　 amare　　　　　　　, .
　　　　　　　　　　　　 .

4. cupidus　　　　5. visitatoribus
　 Domini　　　　　　 Roma
　 vini　　　　　　　 totius
　 esse　　　　　　　 a
　 Gaius　　　　　　　esse
　 auditur　　　　　　Italiae
　 filius　　　　　　 sordidissima
　 , , .　　　　　　　cognoscitur
　　　　　　　　　　　 cito (=schnell)
　　　　　　　　　　　 urbs
　　　　　　　　　　　 .

Vergleiche im Lösungsheft Seite 23

Dreiundzwanzigster Tag: Der nci als Oberbefehlshaber

Ali: Wir kommen wieder einmal zum Endspurt, amici! Paßt noch einmal gut auf, dann können wir den nci heute ad acta legen. ›Vos attentos esse iubeo.‹

Ambi: ›Ich befehle euch, aufmerksam zu sein‹: ›Iubeo‹, davon abhängig der aci ›vos attentos esse‹.

Ali: Eben; ihr erinnert euch sicher: Die beiden Verben ›iubere‹ = ›befehlen‹ und ›vetare‹ = ›verbieten‹ verbinden sich im Lateinischen mit dem aci. Auch mein Beispielsatz ›vos attentos esse iubeo‹ kann nun in den nci verwandelt werden. Versuch' es bitte einmal, Ambitiosus!

Ambi: Der Akkusativ des aci – ›vos‹ also – wird Subjekt: ›Ihr‹; das Hauptverbum ›iubeo‹ muß ins Passiv, bezogen auf sein neues Subjekt; in unserem Fall wird es also 2. Person Plural: ›Vos attenti esse iubemini‹, wobei man sich das Subjekt ›vos‹ wieder sparen kann, da es bereits im Verb ›iubemini‹ steckt; also ›attenti esse iubemini‹, wörtlich ›Ihr werdet befohlen aufmerksam zu sein‹.

Ali: Alles richtig, Ambitiosus! Weiß jemand eine gute deutsche Übersetzung?

Calli: Einfach ›Ihr müßt aufmerksam sein‹.

Ali: Sehr gut, Callidus! ›Iuberi‹ mit nci übersetzt man oft am besten mit ›müssen‹.

Calli: Gibt es auch ›vetari‹ mit nci?

Ali: Natürlich, Callidus; ›vetare‹ ist das letzte Verb, das uns in unserer nci-Sammlung noch fehlt. Verbinden wir ›vetare‹ zunächst noch einmal in gewohnter Manier mit einem aci! Annabella, was machst du denn da? (Annabella lackiert gerade ihre Fingernägel.) ›Die Schönheitspflege müssen wir leider auf den Nachmittag verschieben, sonst lernst du kein Latein! Veto te in schola ungues tingere!

Bella: Was heißt ›ungues tingere‹?

Ali: ›Unguis -is m‹ ist ›der Nagel‹ und ›tingere‹ heißt ›färben‹.

Bella: Na schön! Von ›veto‹ ist der aci ›te tingere‹ abhängig; ›ungues‹ ist das Akkusativobjekt zu ›tingere‹: ›Ich verbiete dir, in der Schule die Fingernägel zu färben.‹

Ali: Und nun das Ganze im nci?

Bella: ›Te‹ wird Subjekt, ›veto‹ kommt ins Passiv: ›In schola ungues tingere vetaris‹, wörtlich ›Du wirst verboten, in der Schule die Fingernägel zu lackieren.‹

Ali: Und nun brauchen wir noch eine passablere deutsche Übersetzung.

Calli: Wenn ›iuberi‹ plus nci ›müssen‹ bedeutet, dann heißt ›vetari‹ plus nci wohl ›nicht dürfen‹.
Ali: Natürlich! Ihr seht, je mehr ihr mitdenkt, desto weniger müßt ihr in Latein lernen. Was heißt also ›in schola ungues tingere vetaris‹, Annabella?
Bella: ›In der Schule darfst du die Fingernägel nicht lackieren.‹
Ali: Alles klar? Dann können wir das nci-Kapitel jetzt abschließen. Ich fasse noch einmal zusammen, bei welchen Verben der nci stehen kann; es sind alles Verben, die sich – wenn sie im Aktiv stehen – auch mit einem aci verbinden können.
Ali: Und wenn ihr jetzt noch bereit seid, dieses Mammut-Übungsprogramm zu absolvieren, habt ihr erstens den nci voll im Griff und zweitens veranstalten wir dann heute abend eine zünftige Grillparty.
Pici: Lardo mures captantur. (lardum, i, n. = der Speck; mus, muris, m. f. = die Maus)

```
Der nci steht:

1. Bei den Verba dicendi, sentiendi und cogitandi; die Übersetzung
   erfolgt am besten mit "man":
   discipulus attentus esse existimaris, Pictor = Man glaubt,
   du seist ein aufmerksamer Schüler, Piktor.

   Spezialfälle:
   a) videri + NcI = scheinen
   Discipulus attentus esse videris, Pictor = Du scheinst ein
   aufmerksamer Schüler zu sein, Piktor.

   b) dici,tradi,ferri + nci = sollen, angeblich sollen
   Discipulus attentus esse diceris, Pictor = Du sollst angeblich
   ein aufmerksamer Schüler sein. Piktor.

2. Bei iuberi und vetari; übersetzt wird oft am besten mit
   "müssen" bzw. "nicht dürfen":
   Discipulus attentus esse iuberis (somniare vetaris), Pictor
   = Du mußt ein aufmerksamer Schüler sein (du darfst nicht
   träumen), Piktor.
```

1. Die folgenden Sätze sollen nach den Regeln der Übersetzungsmethodik in ihre Einzelteile zerlegt werden: Nebensätze herausfiltern, bei evtl. auftretenden nci-s zusätzlich Nominativ und Infinitiv doppel unterstreichen; Übersetzung nicht vergessen!

   Beispiel:

   Callidus, qui discipulus prudens esse putatur, cottidie multa exempla prudentiae suae affert.

   Callidus,
        qui discipulus prudens esse putatur,

   cottidie multa.....affert.

   Callidus, der als kluger Schüler gilt, liefert täglich viele Beispiele seiner Intelligenz.

   De linguae Latinae magistris

   1. Ii magistri, qui nos docent linguam Latinam, interdum quasi in praeteritis temporibus vivere videntur.
   2. Sciunt, quid Cicero scripserit, sciunt, quid Cicero in senatu contra Catilinam dixisse dicitur, sed ignorare videntur, quid discipulis placeat.
   3. Nam semper ab iis iubemur labores molestos perferre, saepe vetamur vita frui.
   4. Sed saepe ii magistri, qui severissimi esse putabantur, postquam schola finita est nos multum adiuvavisse intelleguntur.

2. An der Tür der Jugenherberge befindet sich ein großes Schild mit Geboten; alle Regeln sind hier aufgelistet, an die sich die Herbergsbesucher zu halten haben:
   a) Oportet vos calceos (calceus,i,m=Schuh) purgare (=reinigen,abputzen), priusquam domum intratis.
   b) Oportet vos noctu tacere in cubiculis (cubiculum,i,n=Schlafkammer).
   c) Oportet vos noctu in lectis (lectus,i,m=Bett) vestris esse.
   d) Oportet vos cottidie fenestras aperire (=öffnen).
   e) oportet vos domum relinquere, si fumare vultis.
   f) Oportet vos in cubiculis manus abstinere (=die Hände weglassen von etw.) a vino.

Vergleiche im Lösungsheft Seite 23

1. Ersetze die von "oportet" abhängigen aci- Konstruktionen durch nci-s mit dem Hauptverbum "iubemini".
   Beispiel: a) Calceos purgare iubemini, priusquam domum intratis. (Ihr müßt die Schuhe abputzen bevor Ihr das Haus betretet).

2. Ersetze die obigen Gebote durch Vebote; baue jeweils eine aci- Konstruktion mit "non licet" (=es ist nicht erlaubt) und eine nci- Konstruktion mit "vetamini"; benutze die folgenden Ausdrücke:
   a) domum calceis sordidis intrare;
   b) strepere (=Krach machen) noctu in cubiculis;
   c) noctu in lecto alieno (alienus,a,um = fremd) esse;
   d) fenestras semper clausas tenere (=die Fenster immer verschlossen halten);
   e) domi (=im Haus) fumare;
   f) in cubiculis vinum bibere;

   Beispiel: a) Non licet vos domum calceis sordidis intrare (=es ist nicht erlaubt, das Haus mit schmutzigen Schuhen zu betreten).
   Calceis sordidis domum intrare vetamini (=ihr dürft das Haus nicht mit schmutzigen Schuhen betreten).

Vergleiche im Lösungsheft Seite 23

Vierundzwanzigster Tag: Das Gerundium

Ali: Heute kommen wir zu einem der interessantesten Kapitel, das uns die lateinische Grammatik zu bieten hat! Ich meine die von euch sicher schon lange ersehnten nd-Formen.

Pici: Nunc arcem e cloaca facit (= Jetzt macht er einen Elefanten aus einer Mücke; wörtl.: Jetzt macht er eine Burg aus einem Graben).

Ali: Ich beginne mit etwas sehr Einfachem: In den Wörtern ›Geru-nd-ium‹ und ›Geru-nd-ivum‹ steckt jeweils die Buchstabenverbindung ›nd‹; ebenso ist es mit den Formen von Gerundium und Gerundivum: Sie sind unfehlbar zu erkennen an der in ihnen steckenden Buchstabenkombination ›nd‹. Dennoch werden Gerundium und Gerundivum immer wieder mit einer ähnlich klingenden Verbform verwechselt. Was meine ich wohl?

Calli: Du meinst das PPA: so ist z.B. ›danti‹ der Dativ Singular des PPA von ›dare‹. ›Dandi‹ dagegen gehört zum Gerundium.

Ali: Richtig, Callidus! Welche einfache Merkregel können wir aufstellen, um diesen Verwechslungsfehler in Zukunft zu vermeiden?

Inda: Geru*nd*ium und Geru*nd*ivum haben immer ein ›nd‹, das Par*t*izip Präsens Aktiv hat immer ein n*t*.

Ali: So ist es: Die Formen werden also entsprechend gebildet zu dem sie bezeichnenden Wort. Ich schreibe euch diesen wichtigen Sachverhalt noch einmal an die Tafel:

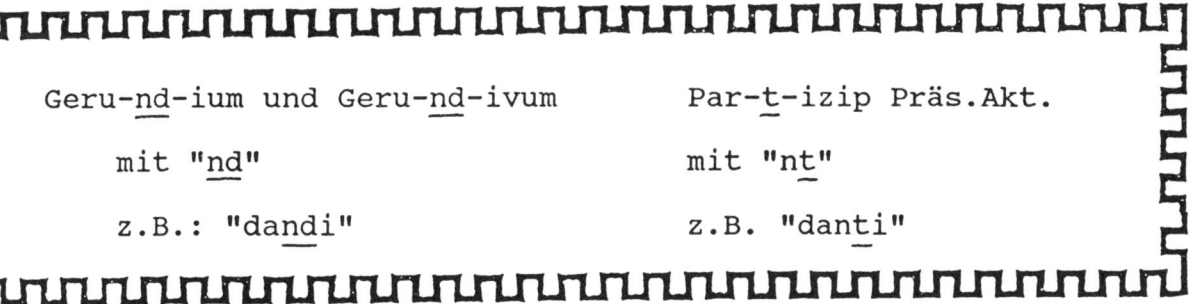

Ali: Soviel zunächst einmal zur Grobunterscheidung der Formen; wir werden die Sache später noch genauer unter die Lupe nehmen. Ich komme jetzt auf das Gerundium speziell zu sprechen.

Ali: Querula, bitte hör' jetzt auf, dich ständig mit deinen Mitschülern zu unterhalten! – Was heißt denn ›dicere me magis delectat quam discere‹?

Quera: Nun, äh, ›Reden macht mir mehr Spaß als Lernen‹, oder?

Ali: Glück gehabt, Madame! Was für ein Satzteil ist denn ›dicere‹ in unserem Satz?

Quera: ›dicere‹ ist Satzsubjekt: ›Wer oder was macht mir Spaß?‹

Oma: ›das Reden‹.

Ali: Wirklich, Omina? Das freut mich aber doch. Sagst du mir auch noch, was für ein Wort das Subjekt normalerweise ist?

Oma: Es ist gewöhnlich ein Substantiv.

Ali: Diligenter! Der lateinische Infinitiv kann also wie ein Substantiv gebraucht werden. Gibt es im Deutschen etwas Vergleichbares?

Ambi: Wir können ja auch sagen: ›Das Reden erfreut mich.‹

Ali: Also kann auch der deutsche Infinitiv substantiviert, d.h. als Substantiv verwendet werden; man setzt dann einfach einen Artikel davor: ›das Reden‹. Und nun wollen wir sehen, was mit unserem substantivierten Infinitiv passiert, wenn wir unser Beispielsätzchen ins Passiv umwandeln: Was heißt denn, ›Querula wird durch das Reden mehr erfreut als durch das Lernen‹?

Inda: Querula magis delectatur ... und jetzt müßte man den Infinitiv ›dicere‹ in den Ablativ setzen können!

Ali: Und das kann man auch; weiß jemand, wie es geht?

Ambi: ›Querula magis delectatur dicendo quam discendo.‹

Ali: Richtig. Das Gerundium, der substantivierte Infinitiv kann nämlich wie ein Substantiv in alle Fälle gesetzt, also dekliniert werden. Dabei werden die Endungen der o-Deklination verwendet; ich schreibe euch die Formen an die Tafel:

```
Gerundium (=substantivierter Infinitiv)

Gen.:   dandi        des Gebens
Dat.:   dando        dem Geben
Akk.:   dandum       das Geben
Abl.:   dando        durch das Geben

Bildungsgesetz: Verbalstamm (in unserem Fall "da") +-ndi,
-ndo usw; Vorsicht bei der konsonantischen und der i-Konju-
gation : hier wird -endi, -endo usw. an den Stamm angehängt;
das Gerundium von "audire" heißt also "audi-endi,audi-endo
usw.
```

Ali: Kann mir jemand einen Satz bilden, in dem das Gerundium im Genitiv auftritt?

Calli: ›Finis discendi adest‹, ›das Ende des Lernens ist da‹!

Pici: Excellenter, excellenter! (= hervorragend; adv. von excellens, entis)

Unbeirrt von Pictors Bravo-Rufen teilt Aquiloculus lächelnd die nächsten Übungsblätter aus.

1. Zunächst ein bischen Formeltraining; es geht um die Unterschiede zwischen PPA und Gerundium. Falls dein Gedächtnisfilm an der Stelle PPA einen allzugroßen Riß aufweist, solltest Du vorher noch einmal einen Blick auf das entsprechende Kapitel dieses Buches (besonders S. 82) werfen!

   Bestimme die folgenden Formen genau und übersetze!

   Beispiel: Dicendi = Genitiv des Gerundiums von "dicere": "des Redens"
   dicenti = Dat.Sing.Mask./Fem./Neutrum des PPA von "dicere" : "dem/der/dem Redenden"
   1) laudandi 2) laudanti 3) audientibus 4) audiendo
   5) legentis 6) legendum 7) legentium

2. Die folgenden lateinischen Adjektive verbinden sich, wie Du vielleicht schon weißt, mit dem Genitiv:
   cupidus + Gen. = begierig nach etw.
   peritus + Gen. = erfahren in etw.

   Als Genitiv wird gerne ein Gerundium verwendet, z.B.:
   Querula cupida est dicendi = Querula ist begierig nach dem Reden (also "Querula redet gerne").

   Bilde ähnliche Sätze aus den Wörtern:
   1. Somnulus   - cupidus - dormire
   2. Aquiloculus - peritus - docere
   3. Ambitiosus - cupidus - laborare

   Vergleiche im Lösungsheft Seite 24

Fünfundzwanzigster Tag: Weitere Besonderheiten des Gerundiums

Ali: Nachdem ihr in den Übungen der vergangenen Stunde bereits mit dem Gerundium vertraut geworden seid, wollen wir es gleich noch genauer untersuchen! Wir hatten den Satz ›Querulam dicere delectat‹, ›das Reden erfreut Querula‹; welchen Satzteil ersetzt der Infinitiv ›dicere‹?

Inda: Dicere ist das Satzsubjekt: ›Wer oder was erfreut Querula?‹

Oma: ›das Reden‹.

Ali: Richtig; und nun betrachten wir den Satz ›Querula semper dicere vult‹, zu deutsch ›Querula will immer reden‹. Was für einen Satzteil vertritt jetzt ›dicere‹?

Quera: Na, ist doch klar! Das Objekt: ›Wen oder was will Querula‹, Antwort: ›reden‹. Im übrigen finde ich, du könntest dir endlich 'mal einen anderen Übungssatz einfallen lassen; denn erstens wird's langsam langweilig, und zweitens rede ich schon lange nicht mehr!

Ali: Noch etwas Geduld, bitte, Querula! Es ist ja erfreulich, daß der Inhalt meines Übungssätzchens nicht mehr zutrifft. Aber macht dich an der Form dicere nicht noch etwas anderes stutzig? Was meine ich wohl?

Calli: Wenn der Infinitiv ›dicere‹, wie Querula behauptet, das Akkusativobjekt des Satzes ist, dann müßte man eigentlich den Akkusativ des Infinitivs ›dicere‹, also die Form ›dicendum‹, erwarten!

Ali: Genau, Callidus! Und dazu bin ich euch noch eine Erklärung schuldig: Wenn ein Infinitiv Objekt ist – wie z.B. in dem Satz ›Querula semper dicere vult‹ –, dann wird nicht etwa der Akkusativ des Gerundiums verwendet, sondern der gewöhnliche Infinitiv. Der Akkusativ des Gerundiums, den ich euch in der letzten Stunde beigebracht habe, steht nur nach Präpositionen; ein Beispiel: ›Callidus idoneus est ad cogitandum.‹ Was heißt das?

Inda: Was heißt ›idoneus‹?

Somi: ›idoneus ad ...‹ heißt ›geeignet zu etw., geschickt in etw.‹

Inda: Dann heißt es ›Callidus ist geschickt im Denken‹, oder, etwas schöner übersetzt, ›Callidus ist ein geschickter Denker‹.

Ali: Genau! Und warum wird der Akkusativ ›dicendum‹ verwendet?

Calli: Weil die Präposition ›ad‹ dabeisteht.

Ali: Und was heißt ›Querula tacere studet‹?

Quera: ›Querula bemüht sich, zu schweigen‹, wörtlich ›Querula studiert das Schweigen‹.

Ali: Welcher Satzteil ist ›tacere‹?

Quera: ›Tacere‹ ist ein Akkusativobjekt: ›Wen oder was studiert Querula?‹ Antwort: ›Das Schweigen‹. Und nun willst Du natürlich wissen, warum es nicht ›tacendum‹ heißt; nun, weil kein ›ad‹ oder sonst eine Akkusativ-Präposition dabeisteht. Du siehst, ich habe manchmal lichte Momente!

Ali: Dann wollen wir die momentanen günstigen Belichtungsverhältnisse gleich ausnutzen und noch eine weitere dunkle Stelle ›Gerundium‹ mit dem Lichte der Erkenntnis erhellen, Querula!

Ali: Was heißt denn ›ars legendi non omnes discipulos incitat‹?

Bella: Was heißt ›incitare‹ in diesem Zusammenhang?

Ali: ›Reizen, anspornen‹; hier könnte man auch ›faszinieren‹ übersetzen.

Bella: Also, dann heißt es ›die Kunst des Lesens fasziniert nicht alle Schüler‹.

Ali: Wie erklärst du dir die Form ›legendi‹?

Bella: ›legendi‹ ist der Genitiv des Gerundiums von ›legere‹: In diesem Satz ist es das Genitivattribut zu ›ars‹: ›ars legendi‹, ›die Kunst des Lesens‹.

Ali: So weit, so gut! Doch ich will den Satz noch ein wenig ausbauen: Wie steht es denn mit ›ars librum Latinum legendi non omnes discipulos incitat‹?

Ambi: Das heißt nun wohl ›die Kunst, ein lateinisches Buch zu lesen, fasziniert nicht alle Schüler‹.

Somi: So ist es; schauen wir doch mal auf ›ars librum Latinum legendi‹: Wodurch wird ›legendi‹ näher bestimmt?

Ambi: Durch ›librum Latinum‹.

Ali: Durch was für einen Satzteil also?

Ambi: Offensichtlich durch ein Akkusativobjekt.

Ali: War das zu erwarten?

Ambi: Ich glaube schon; denn bei ›legere‹ steht ja auch ein Akkusativobjekt: ›Librum Latinum legere‹, ›ein lateinisches Buch lesen‹. Warum sollte dann bei ›legendi‹ nicht auch ein Akkusativobjekt stehen?

Quera: Aber sonst heißt es doch immer, Substantive würden durch Genitivattribute näher bestimmt? Und die ganze Zeit erzählst Du doch, das Gerundium sei ein Substantiv. Und wir sagen doch auch: ›das Lesen eines Buches‹. Also müßte doch Genitiv stehen!

Ali: In diesem Punkt ist eben das Lateinische ein wenig anders als das Deutsche: Das lateinische Gerundium wird zwar wie ein Substantiv dekliniert, es wird aber insofern wie ein Verb behandelt, als es Objekte bei sich haben kann: ›ars librum legendi‹, ›die Kunst des ein Buch Lesens‹: ›Librum‹ ist das Akkusativobjekt zum Gerundium ›legendi‹. Wir machen am besten noch ein Beispiel, um die Sache zu verdeutlichen: ›Magister discipulis indulgendo difficultates discendi deminuit.‹

Pici: Was heißt ›indulgere‹?

Ali: ›indulgere‹ heißt ›jemanden milde behandeln‹; es verbindet sich allerdings im Lateinischen mit dem Dativ.

Calli: Also ist wohl ›discipulis‹ das Dativobjekt zum Gerundium ›indulgendo‹?

Ali: Genau, Callidus. Du hast es sofort begriffen. Versuche bitte einmal eine möglichst wörtliche Übersetzung!

Calli: Durch das die Schüler milde Behandeln verringert ein Lehrer Schwierigkeiten des Lernens.

Ali: So ist es; und nun müssen wir den Satz noch ein wenig umformen, damit man ihn im Deutschen besser versteht. Somnulus bitte!

Somi: Bitte, wie, warum? Ei, Gerundium!

Ali: Toll, Somnulus! Kannst du auch den ganzen Satz übersetzen?

Somi: ›Dadurch, daß der Lehrer die Schüler milde behandelt, verringert er die Schwierigkeiten beim Lernen.‹

Ali: Sehr schön, Somnulus! Ich hoffe, du bist mir nicht böse, wenn ausgerechnet in dem heutigen Übungsblatt etwas behauptet wird, was überhaupt nicht stimmt.

I. Die folgenden Verben treten gewöhnlich in Verbindung mit einem Infinitiv auf (z.B. "legere possum", "ich kann lesen"): posse = können; studere = sich bemühen; incipere = beginnen; desinere = aufhören; decernere = entscheiden, beschließen; pergere = fortfahren (in einer Tätigkeit); properare = sich beeilen.
Baue jeweils eines dieser Verben in die folgenden Sätze ein!

Beispiel: Querula legit ⟶ Querula legere potest
("Querula kann lesen")

1. Somnulus dormit.
2. Annabella omnia intellegit.
3. Querula garrit (garrire = schwatzen, plaudern).
4. Aquiloculus iustus est.

II. Aus den folgenden Wörtern sind Sätze zu bilden; jeder Satz muß ein Gerundium mit Objekt enthalten.

Beispiel: Aquiloculus; delectari; legere; libri;
⟶ Aquiloculus libros legendo delectatur.

1. Aquiloculus; delectari; lingua Latina; explicare;
2. datum esse; discere; pauci discipuli; studium; vocabula;
(ein kleiner Tip: "studium verbindet sich häufig mit dem Genitiv, z.B.: "studium migrandi" "der Eifer im Wandern")
3. capere; cupidissiumus; esse; Somnulus; somnus;
(auch hierzu ein kleiner Tip: "somnum capere" = "Schlaf schöpfen", also schlafen)

III. In den folgenden Sätzen ist die richtige Endung des Gerundiums zu ergänzen:

1. Ambitiosus legend... delectatur.
2. Somnulus semper paratus est ad dormiend... .
3. Dicend... et ridend... discipuli nihil discunt.
4. Querula onus discend... moleste (nur mit Mühe, widerwillig) fert.

Vergleiche im Lösungsheft Seite 24

Sechsundzwanzigster Tag: Vom Gerundium zum Gerundivum

Ali: Bisher hatten wir es nur mit einer nd-Form zu tun, nämlich dem Gerundium; heute will ich euch den Zwillingsbruder des Gerundiums, das Gerundivum, vorstellen: Es ist ein vom Verbum abgeleitetes Adjektiv; nehmen wir als Beispiel das Verbum ›onerare‹, ›belasten‹: Somnulus, bilde bitte zunächst die Formen des zugehörigen Gerundiums!

Somi: Onerare, onerandi, onerando, onerandum, onerando!

Ali: Gut, Somnulus, weiter so! Nun wieder ein kleiner Beispielsatz: ›Onerando discipulos spero perficere, ut aliquid discant.‹

Somi: Was heißt ›perficere‹?

Ali: Du merkst dir am besten ›perficere, ut‹, das heißt ›erreichen, daß‹.

Somi: Also gut, ›onerando‹ ist der Ablativ des Gerundiums, ›discipulos‹ ist das zugehörige Objekt; ›durch das die Schüler Belasten hoffe ich zu erreichen, daß sie etwas lernen‹.

Ali: Richtig! Und nun hat uns schon gestern Industria eine gute Übersetzung für ein ähnlich gebrauchtes Gerundium geliefert: ›discipulos indulgendo‹ hat sie übersetzt mit ›dadurch, daß er die Schüler milde behandelt‹. Wie könnten wir entsprechend ›onerando discipulos‹ im Deutschen wiedergeben?

Somi: ›Dadurch, daß ich die Schüler belaste, hoffe ich zu erreichen, daß sie etwas lernen.‹

Ali: Sehr gut, Somnulus! Man merkt, du kannst etwas leisten, wenn du dich bemühst.
Da ich hoffe, daß ihr das Gerundium alle so gut verstanden habt wie Somnulus, komme ich jetzt zum Gerundivum; es ist – wie bereits erwähnt – ein vom Verbum abgeleitetes Adjektiv; das Gerundivum von ›onerare‹ heißt z.B. ›onerandus -a -um‹; es kann, wie alle Adjektive (z.B. bonus -a -um) durch alle Fälle und alle Geschlechter im Singular und im Plural dekliniert werden; was wäre also z.B. ›onerandis‹ für eine Form?

Bella: Dativ oder Ablativ Plural aller drei Geschlechter des Gerundivums von ›onerare‹.

Ali: Gut, Annabella! Soviel zur Formenbildung; und nun erbitte ich eure geballte Aufmerksamkeit für die grammatikalische Erscheinung, die ich jetzt behandle! Betrachten wir den Satz ›discipulis onerandis spero perficere, ut aliquid discant‹; was könnte das heißen?

Quera: Nun, ›dadurch, daß ich die Schüler belaste, hoffe ich zu erreichen, daß sie etwas lernen‹. Bravo, Du kannst stolz sein auf Deine pädagogischen Erfolge! Nur bei den Beispielsätzen hält sich Dein Ideenreichtum noch in Grenzen; das war nämlich wieder derselbe Satz!

```
Gerundium + Akkusativ- Objekt  ──────────▶  attributives Gerundivum

Onerando discipulos  ─────────────────────▶  discipulis onerandis

( spero perficere, ut aliquid                ( Spero perficere, ut
  discant)                                     aliquid discant)

                    Dadurch, daß ich die Schüler belaste, (hoffe
                    ich zu erreichen, daß sie etwas lernen)

Akkusativ- Obj. des Gerundiums  ──────────▶  in den Fall des
                                              Gerundiums
(discipulos)                                  (discipulis)

Gerundium  ───────────────────────────────▶  Gerundivum, wie ein
                                              Adjektiv auf sein ehe-
                                              maliges Objekt bezogen.
(onerando)                                    (onerandis)
```

Ambi: Nein, Querula, es war nicht dasselbe! Vergleichen wir die beiden Konstruktionen: ›Onerando discipulos‹ und ›discipulis onerandis‹. Beides bedeutet tatsächlich dasselbe: ›durch das die Schüler belasten‹; aber im Lateinischen besteht doch ein erheblicher Unterschied!

Calli: Im ersten Fall ist ›onerando‹ ein Gerundium und ›discipulos‹ ein Akkusativobjekt zu ›onerando‹. Im zweiten Fall ist ›discipulis‹ offensichtlich ein Ablativ; und da es heute um das Gerundivum gehen soll, ist ›onerandis‹ wohl ein solches Gerundivum, das wie ein Adjektiv auf ›discipulis‹ bezogen ist.

Ali: Gut, Callidus! ›Onerandis‹ ist also eine nähere Bestimmung zu ›discipulis‹ oder – genauer ausgedrückt – ein Attribut; wir nennen es ein attributives Gerundivum. Und nun müssen wir daraus eine Regel ableiten: Was ist mit dem Gerundium ›onerando‹ und seinem Akkusativobjekt ›discipulos‹ passiert?

Calli: Das Akkusativobjekt (›Discipulos‹) trat in den Fall des Gerundiums (wurde also zum Ablativ: ›discipulis‹); das ursprüngliche Gerundium (›onerando‹) wurde zum Gerundivum, bezogen auf das Substantiv, das vorher sein Objekt war (›discipulis‹ also).

Ali: Jawohl! Dieser Sachverhalt kommt einem zunächst furchtbar kompliziert vor; ich fasse das Ganze deswegen gleich in einem übersichtlichen Tafelbild zusammen, dann wird es sofort klarer!

Ali: Doch für heute soll es genügen, ich sehe schon viele rauchende Köpfe. Wir machen morgen einige Beispielsätze zum Thema Gerundivum, dann wird das alles noch einleuchtender!

Oma: Ich sag's ja – nie bekommen wir Übungsblätter. Wie sollen wir da gescheit Latein lernen!?

Siebenundzwanzigster Tag: CNG-Kongruenz

Ali: Salvete, discipuli! Heute, wie versprochen, einige Übungen zum Thema attributives Gerundivum.

Quera: Jetzt kommt bestimmt wieder irgend etwas über die bösen Schüler, die belastet werden müssen, oder so etwas ähnliches; mein Gott, und das in den Sommerferien!

Ali: So ist es, Querula! Ich mache das alles hier nur, um euch die Sommerferien zu vermiesen, das meint ihr doch, oder? ›Querulam sollicitandi causa novas exercitationes excogitavi.‹ Übersetze bitte, Querula!

Quera: Was heißt ›sollicitare‹?

Ali: Ärgern.

Quera: Was heißt ›causa‹?

Ali: ›Causa‹ heißt ›wegen‹; es verbindet sich mit dem Genitiv und steht hinter dem Genitiv, zu dem es gehört.

Quera: Na schön; ›sollicitandi‹ ist der Genitiv, ›wegen des Ärgerns‹; ›Querulam‹ ist wieder das Akkusativobjekt zum Gerundium ›sollicitandi‹; also: ›Wegen des die Querula Ärgerns habe ich mir neue Übungen ausgedacht‹, im Deutschen dann besser ›um Querula zu ärgern, habe ich mir neue Übungen ausgedacht‹.

Ali: Und nun noch eine kleine Zusatzübung für unsere Querula; Der Ausdruck ›Querulam sollicitandi causa‹ kann im Lateinischen wieder in's attributive Gerundivum umgewandelt werden, da es sich um Gerundium mit Akkusativobjekt handelt.

Oma: Also gut, wenn's denn sein muß: Das Akkusativobjekt ›Querulam‹ tritt in den Casus von ›sollicitandi‹, wird also Gen.: ›Querulae‹; das Gerundium ›sollicitandi‹ wird zum Gerundivum und bezieht sich auf sein früheres Objekt ›Querulae‹; Endprodukt ist also ›Querulae sollicitandae causa novas exercitationes excogitavi‹: die deutsche Bedeutung verändert sich nicht.

Ali: Gut, Querula, contentus sum! Und nun ein weiteres Beispiel: ›Querulae sollicitandae cupidus non sum; immo vero solum discipulis adiuvandis delector.‹

Ambi: ›Cupidus‹ mit Genitiv heißt ›begierig nach etwas‹; ›immo vero‹ heißt ›viel mehr‹. Hier haben wir ein Beispiel für ein attributives Gerundivum: ›Querulae sollicitandae‹ ist entstanden aus einem Gerundium im Genitiv, verbunden mit einem Akkusativobjekt, aus ›Querulam sollicitandi‹ also: Demnach heißt der erste Teil: ›Querulam sollicitandi cupidus non sum‹, ›ich bin nicht begierig danach, Querula zu ärgern‹. Nun zum zweiten Teil: ›discipulis adiuvandis‹ ist ebenfalls ein attributives Gerundivum; es ist entstanden aus einem Gerundium im Ablativ, verbunden mit dem Akkusativobjekt ›discipulos‹, also aus ›discipulos adiuvando‹. Demnach heißt der zweite Teil: ›Immo vero solum discipulos adiuvando delector‹, ›vielmehr werde ich nur dadurch erfreut, daß ich die Schüler unterstütze‹.

Ali: So ist es! Ambitiosus hat gerade ein attributives Gerundivum in's Deutsche übersetzt; da diese Konstruktion im Lateinischen sehr häufig auftritt, will ich euch noch einmal genau erklären, wie man beim Übersetzen vorgeht. Woran erkennt man das attributive Gerundivum?

Inda: Es handelt sich immer um eine nd-Form, die wie ein Adjektiv in Genus, Numerus und Casus auf ein dabeistehendes Substantiv bezogen ist.

Ali: Und dafür gibt es ein Fachwort, das ihr wahrscheinlich alle kennt: Wenn ein Adjektiv in Casus, Numerus und Genus mit seinem Beziehungswort übereinstimmt, dann sagt man, es besteht CNG-Kongruenz zwischen Adjektiv und Beziehungswort. Ein attributives Gerundivum ist also immer eine nd-Form in CNG-Kongruenz zu einem dabeistehenden Nomen.

Pici: Die CNG-Konferenz – hm, klingt nicht schlecht.

Ali: So weit, so gut; und was macht man nun, wenn man eine solche Substantiv-Gerundiv-Verbindung mit einem lateinischen Satz entdeckt hat?

Calli: Man verwandelt zunächst zurück in ein Gerundium mit Akkusativobjekt; der Casus der attributiven Gerundivkonstruktion ist ja auch der Casus des ehemaligen Gerundiums. Ein Beispiel: Wenn ich ›Querulae sollicitandae‹ lese, dann weiß ich, daß hier ursprünglich ein Gerundium im Genitiv – ›sollicitandi‹ also – stand; nun brauche ich nur noch das Substantiv in's Akkusativobjekt zurückverwandeln – in unserem Fall wird ›Querulae‹ zu ›Querulam‹ –, und der Übersetzung steht nichts mehr im Wege!

Ali: Und das müßt ihr euch gut merken! Ich schreibe es noch einmal an die Tafel:

```
attributives Gerundivum ─────────▶ Gerundium + Akk.-Objekt

Querulae sollicitandae ──────────▶ sollicitandi Querulam

Substantiv + nd-Form in ─────────▶ Gerundium + zugehöriges
CNG-Kongruenz                       Akkusativ-Objekt
```

Ali: Sicher habt ihr gemerkt, daß das Tafelbild der heutigen Stunde im Grunde genommen nichts Neues ist!

Calli: Es ist ja nur die Umkehrung dessen, was du uns letzte Stunde angeschrieben hattest.

Ali: Eben! Letzte Stunde hatte ich euch gezeigt, wie das Gerundium mit Akkusativobjekt im Lateinischen zum attributiven Gerundivum umgeformt werden kann. Und da diese Umformung im Deutschen nicht möglich ist, muß man sie immer zuerst rückgängig machen, bevor man das attributive Gerundivum in's Deutsche übersetzen kann. Wenn ihr diesen Mechanismus begriffen und geübt habt, kann nicht mehr viel schiefgehen!
Somnulus, was heißt ›interdum magister etiam discipulis parcendo eos adiuvat‹?

Somi: Was ... was heißt nochmal ›parcere‹?

Ali: ›Parcere‹ heißt ›schonen‹; es verbindet sich im Lateinischen mit einem Dativobjekt.

Somi: Dann ist ›discipulis‹ das Dativobjekt zum Gerundium ›parcendo‹: ›Manchmal hilft der Lehrer den Schülern auch dadurch, daß er sie schont.‹

Ali: So ist es; können wir ›discipulis parcendo‹ auch umwandeln in eine attributive Gerundivkonstruktion, Somnulus?

Somi: Nun, äh, discip...

Quera: Halt!

Ali: Warum ›Halt!‹, Querula?

Quera: Das attributive Gerundivum kann nur ein Gerundium ersetzen, das mit einem Akkusativobjekt verbunden ist; ›discipulis parcendo‹ ist aber ein Gerundium mit Dativobjekt; also ist in diesem Fall die Umwandlung in's attributive Gerundivum gar nicht möglich!

Ali: Gut, Querula, du nimmst mir das Wort aus dem Mund! Darauf wollte ich noch einmal hinweisen.

Oma: Ihr werdet sehen, wir kriegen schon wieder kein Übungsblatt!

Ali: Bitte sehr!

Pici: Vacca bruta! (= blöde Kuh!)

121

1. Als Aufwärmtraining wieder ein paar Formbestimmungen; es kommen vor: Gerundium, Gerundivum, PPA und PPP (falls Dir die Formen des PPP nicht mehr ganz geläufig sein sollten, hilft ein kurzer Blick in die Seiten 114 ff dieses Buches!); die Formen bitte genau bestimmen (CGN) !

   Beispiel: laudandi = 1. Gerundium, Genitiv
                        2. Gerundivum, Gen.Sg.m/n   } von
                        3. Gerundivum, Nom.Pl.m   } laudare

   1. onerandis; 2. onerantis; 3. oneratis; 4. onerati;
   5. onerandi; 6. oneranti;

2. Die folgenden Sätze enthalten alle eine Gerundiumskonstruktion; ersetze sie, wo das möglich ist, durch ein attributives Gerundivum und übersetze!

   Beispiel: Schola ad discipulos delectandum idonea est →
            Schola ad discipulos delectandos idonea est:
            "Die Schule ist dazu geeignet, die Schüler
            zu erfreuen."

   1. Non saepe discipuli ad librum Latinum legendum incitantur.
   2. Occasionem linguam Latinam discendi non praetermittimus
      (occasionen praemittere=die Gelegenheit ungenutzt lassen).
   3. Discipulos laudando magister interdum perficit, ut diligentius discant.
   4. Querula perita est magistrum sollicitandi.
   5. Magister numquam paratus est ad discipulis nocendum.

3. Alles klar? Und nun umgekehrt: In den folgenden Sätzen ist die attributive Gerundivkonstruktion durch ein Gerundium mit Objekt zu ersetzen:

   Beispiel: Gerundivo intellegendo multum proficimus (multum
            proficere=große Fortschritte machen) in lingua
            Latina discenda →
            Gerundivum intellegendo multum proficimus in discendo
            linguam Latiam

   1. Pictor tabulis pingendis admirationem omnium discipulorum excitat.
   2. Annabella pueris arridendis eos perturbat (aus der Fassung bringen, verwirren).
   3. Tam varia discipuli Romae (=in Rom) vident, ut tempus epistulae scribendae iis deest (deesse=fehlen).

Vergleiche im Lösungsheft Seite 24

Achtundzwanzigster Tag: Vierter Ruhetag

Pictor hat sich inzwischen offensichtlich in Annabella verknallt. Jedenfalls schreibt er ihr heute einen Brief, der daran keinen Zweifel läßt ...

Carissima Annabella!
Quid te pulchrius cogitari potest? Nescio. Iterum iterumque[1] simulacrum[2] tui pingere studebam; neque umquam[3] id mihi contingebat[4]. Nullum est enim simulacrum, quod omnes tuas pulchritudines capere possit.
Quae pars tui est pulcherrima? Etiam id nescio. Ecce[5] comae[6] flavae[7] ecce oculi clari, ecce nasus[8] pusillus[9] labia rubra[10] collum procerum[11] pectus[12] dulce venter tenuis[13]. Ecce etiam pedes veloces[14], ecce crura[15] gracillima[16] ecce genua[17] singularia; ecce femora[18]. Sed femora videre non possum. casta[19] toga ea abscondit[20]! Venus[21] ipsa invidia capta pallesceret[22] si te conspiceret.
Nonne clam[23] convenire possumus alicubi in locum? Sed Dominus ad multam noctem[24] vigilat, ne puellarum cubicula[25] intremus. Merda damnata[26]! (me excuso de voce[27] nimis[28] rudi[29])
Ergo conveniendum est in locum secretum[30]: Te exspectabo media nocte[31] sub scalis[32]. Nemo ibi nos disturbabit[33]. Peto quaesoque te[34], ut venias!
Tuus amator perpetuus

Pictor

puellarum cubicula
scalae
latibulum nostrum
puerorum cubicula

Vergleiche im Lösungsheft Seite 30

Vokabula:

1. iterum iterumque = immer wieder;
2. simulacrum -i n = Bild;
3. umquam = jemals;
4. contingit (unpersönlich) = es gelingt;
5. ecce = sieh nur, schau;
6. coma -ae f = Haar;
7. flavus -a -um = blond;
8. nasus -i m = Nase;
9. pusillus -a -um = winzig klein;
10. labium rubrum = rote Lippe;
11. collum procerum = schlanker Hals;
12. pectus -oris n = Brust;
13. venter tenuis = schlanker Bauch;
14. velox -cis = schnell;
15. crus, cruris n = Unterschenkel;
16. gracilis -is -e kann man sich denken;
17. genu -us n = Knie;
18. femur, femoris n = Oberschenkel;
19. castus -a -um = züchtig, keusch;
20. abscondere = verbergen;
21. Venus -eris f (Göttin der Liebe; sie soll sehr schön gewesen sein);
22. pallescere = erbleichen;
23. clam = heimlich;
24. ad multam noctem = bis tief in die Nacht hinein;
25. cubiculum -i n = Schlafraum;
26. merda = Scheiße, merda damnata = ?
27. vox -cis f = hier: Ausdruck;
28. nimis = allzu;
29. rudis -is -e = rauh, grob;
30. secretus -a -um = geheim;
31. media nocte = um Mitternacht;
32. scalae -arum f = Treppe;
33. disturbare = stören;
34. peto quaesoque te = ich bitte Dich inständig.

Neunundzwanzigster Tag: Das prädikative Gerundivum

Ali: Und nun, ihr Lieben, holt noch einmal tief Luft: Heute kommen wir bereits zum letzten Typ von nd-Konstruktionen: Uns fehlt nur noch das prädikative Gerundivum; was soll dieser kompliziert klingende Begriff wohl bedeuten?

Ambi: Wahrscheinlich kann man das Gerundivum nicht nur attributiv, sondern auch prädikativ gebrauchen. Das gibt es bei Adjektiven ja auch.

Quera: Jetzt wissen wir mehr!

Ali: Man soll den Tag nicht vor dem Abend kritisieren! Ambitiosus hat uns schon auf die richtige Fährte gelockt. Ein Adjektiv kann man attributiv gebrauchen: Im Ausdruck ›puella irata‹ z.B. ist das Adjektiv ›iratus‹, ›zornig‹, ein Attribut zum Substantiv ›puella‹: ›das zornige Mädchen‹; ebenso könnte man ›iratus‹ aber auch prädikativ gebrauchen. Weiß jemand, wie das geht?

Inda: ›Puella irata est‹, ›das Mädchen ist zornig‹.

Ali: Natürlich; meistens gebraucht man ein Adjektiv prädikativ, indem man es zu einer Form von ›esse‹ hinzufügt: ›Puella irata est‹ z.B. Dasselbe gibt es nun auch beim Gerundivum: Es kann ebenfalls prädikativ, d.h. als Prädikatsnomen in Verbindung mit einer Form von ›esse‹ gebraucht werden. Machen wir ein Beispiel: ›Schola perferenda est‹; in diesem Sätzchen ist ›perferenda‹ das Prädikatsnomen zu ›est‹; wir haben es also mit einem prädikativ gebrauchten Gerundivum zu tun. Weiß jemand eine Übersetzung?

Bella: Ist das jetzt die Sache mit dem ›müssen‹?

Ali: Genau, Annabella! Die Schüler meinen ja immer, wenn sie eine nd-Form sehen, sie müßten etwas mit ›müssen‹ übersetzen; in Wirklichkeit ist das aber nur beim prädikativen Gerundivum der Fall: Es hat passive Bedeutung und wird mit ›müssen‹ übersetzt. Was heißt also ›schola perferenda est‹?

Bella: ›Die Schule muß ertragen werden‹.

Ali: Gut! Und was heißt entsprechend ›man muß die Vokabeln lernen‹?

Pici: Bevor wir diesen Satz in's Lateinische übersetzen, müssen wir ihn im Deutschen in's Passiv setzen: ›Die Vokabeln müssen gelernt werden‹; lateinisch also ›vocabula discenda sunt‹.

Quera: Könnte man auch wörtlich übersetzen ›die Vokabeln sind zu lernende‹?

Ali: Ein guter Hinweis, Querula! Das ist zwar kein schönes Deutsch, aber wörtlich bedeutet das Gerundivum ›discendus‹ tatsächlich ›ein zu lernender‹.

Quera: Und ›perferendus‹ wäre dann ›ein zu ertragender‹, wie z.B. in dem Satz ›Aquiloculus perferendus est‹?

Ali: So ist es; und was heißt entsprechend ›discipuli perferendi sunt?

Bella: ›Die Schüler müssen ertragen werden‹.

Ali: Seht ihr, so hat jeder von uns seine Last zu tragen!

Calli: Könnte man statt ›perferendi sunt‹ auch ›patiendi sunt‹ sagen?
Ali: Eine gute Zwischenfrage, Callidus! Tatsächlich könnte man auch sagen ›discipuli patiendi sunt‹; ›patiendi‹ ist dann das Gerundivum des Verbums ›pati‹, ›ertragen‹. Für die, die es nicht mehr wissen: ›pati‹ ist ein Deponens, also ein Verbum mit passiven Formen und aktiver Bedeutung. Was heißt also z.B. ›patior‹?
Pici: ›Ich ertrage‹.
Ali: Richtig! Diese Deponentien können nun – wie die normalen Verben – ebenfalls ein Gerundium und ein Gerundivum bilden; dabei ist darauf zu achten, daß das Gerundivum passive Bedeutung hat, das ist ja nicht ganz selbstverständlich! ›Discipuli patiendi sunt‹ heißt also ›die Schüler müssen ertragen werden‹. Doch – nebenbei – so ungern ertrage ich euch gar nicht!
Und nun noch eine kleine Besonderheit: Das prädikative Gerundivum ist, wie ihr jetzt alle wißt, eine passivische Konstruktion; wie wird normalerweise im Passiv die handelnde Person ausgedrückt?
Calli: Durch den Ablativ mit der Präposition ›a/ab‹. Ich mache ein Beispiel: ›Vocabula a nobis discuntur‹, ›die Vokabeln werden von uns gelernt‹.
Ali: Jawohl; beim prädikativen Gerundivum ist es dagegen etwas anders: Hier steht die handelnde Person gewöhnlich im Dativ; man nennt diesen Dativ dann ›Dativus auctoris‹, den ›Dativ des Urhebers‹ wörtlich übersetzt; damit will man zum Ausdruck bringen, daß dieser Dativ den Urheber oder Initiator einer Handlung bezeichnet. Was heißt demnach ›vocabula *nobis* discenda sunt‹?
Calli: ›Die Vokabeln müssen *von uns* gelernt werden‹.
Ali: Und was für ein Fall ist dann ›nobis‹?
Ambi: Dativus auctoris.
Calli: Et nunc lectio nobis terminanda est!
Ali: Du sagst es!

Ersetze in den folgenden Sätzen das Prädikat durch ein Gerundivum und übersetze dann!

Beispiel: Vocabula discuntur a discipulis ⟶
vocabula discipulis discenda sunt
Die Vokabeln müssen von den Schülern gelernt werden

1. Omnia a magistro explicantur (explicare= erklären).
2. Somnulus in schola a somno abstinetur.
3. Etiam in schola discipuli nonnumquam (=manchmal) delectantur.
4. Industria semper laudatur.
5. Vitia a magistro vitantur.

Vergleiche im Lösungsheft Seite 24

Dreißigster Tag: Das unpersönliche Gerundivum

Ali: Das prädikative Gerundivum ist eine passivische Konstruktion; deshalb sollten wir, um diesen Gerundivtyp noch ein bißchen besser zu verstehen, vorher noch einmal gründlich das Passiv wiederholen: Nehmen wir als Beispiel den Satz ›discipuli scholam amant‹, ›die Schüler lieben die Schule‹; wer setzt diesen kleinen Satz einmal in's Passiv?

Inda: ›Schola a discipulis amatur‹, ›die Schule wird von den Schülern geliebt‹.

Ali: Gut, Industria! Kannst du uns kurz zusammenfassen, was sich bei der Umwandlung eines lateinischen Satzes vom Aktiv in's Passiv alles verändert?

Inda: Das Subjekt – in unserem Fall ›discipuli‹ – tritt in den Ablativ (bei Personen mit der Präposition a/ab); das Akkusativobjekt – in unserem Fall ›scholam‹ – wird zum Subjekt; das Prädikat des aktiven Satzes schließlich – in unserem Fall ›amant‹ – tritt in's Passiv und richtet sich nach seinem neuen Subjekt (in unserem Beispiel ist ›amatur‹ Singular, weil auch das neue Subjekt ›schola‹ im Singular steht).

Ali: Diesen Umwandlungsprozeß will ich euch auf der Folie zeigen.

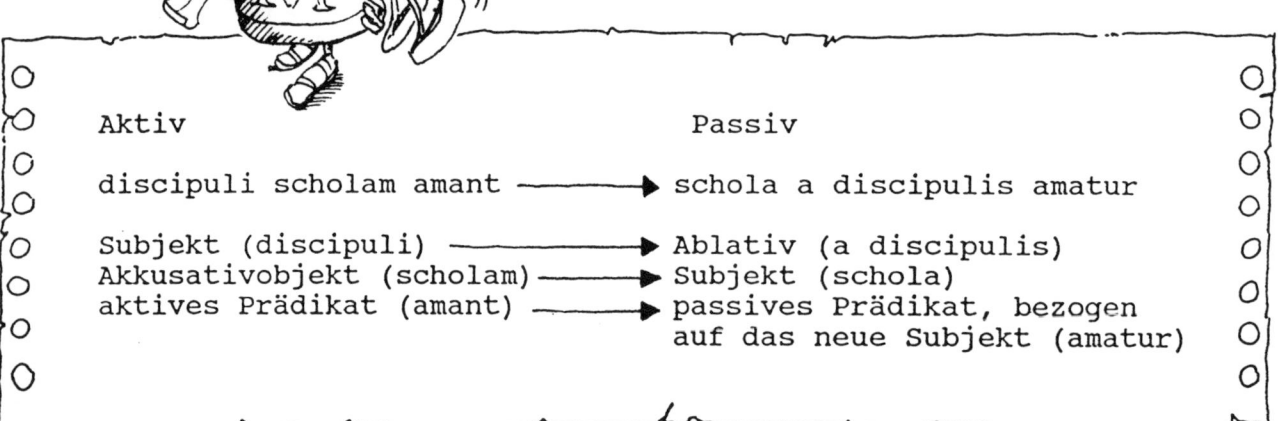

```
Aktiv                              Passiv

discipuli scholam amant    ──────▶ schola a discipulis amatur

Subjekt (discipuli)        ──────▶ Ablativ (a discipulis)
Akkusativobjekt (scholam)  ──────▶ Subjekt (schola)
aktives Prädikat (amant)   ──────▶ passives Prädikat, bezogen
                                   auf das neue Subjekt (amatur)
```

Quera: Das ist ja alles ganz schön; aber was macht man, wenn der aktive Satz kein Akkusativobjekt enthält? Dann hat man im Passiv ja gar kein Subjekt!

Ali: Darauf wollte ich gerade hinaus, Querula: ›Amare‹ ist ein transitives Verbum, d.h. eines, das gewöhnlich ein Akkusativobjekt bei sich hat: ›Wen oder was lieben die Schüler?‹ Antwort: ›Die Schule‹. Deswegen kann man einen aktiven Satz mit ›amare‹ leicht in's Passiv umwandeln: Das Akkusativobjekt wird ja dann Subjekt. Anders ist es bei den intransitiven Verben, d.h. bei Verben, die kein Akkusativobjekt bei sich haben können; machen wir ein Beispiel: ›parere‹, ›gehorchen‹, ist ein typisches intransitives Verbum; dennoch gibt es von ›parere‹ auch ein Passiv: Man sagt z.B. ›paretur‹, ›es wird gehorcht‹; was ist nun in diesem Ein-Wort-Satz ›paretur‹ das Subjekt?

Calli: Das Subjekt ist ›es‹: ›Es‹ wird gehorcht; also genau wie bei den unpersönlichen Ausdrücken, die wir im Zusammenhang mit dem aci kennengelernt haben: ›es steht fest‹, ›es ist nötig‹ usw.

Ali: Gut, Callidus! Und weil solche Passivbildungen wie ›paretur‹, ›es wird gehorcht‹, mit den unpersönlichen Ausdrücken verwandt sind, spricht man auch von unpersönlichem Passiv: Transitive Verben bilden also ein persönliches Passiv, intransitive Verben können dagegen nur ein unpersönliches Passiv bilden; machen wir noch ein paar Beispiele: Was heißt ›oratur‹?

Inda: ›Es wird gebetet‹.

Ali: Und ›laboratur‹?

Inda: ›Es wird gearbeitet‹.

Ali: Seht ihr? Das unpersönliche Passiv ist also kein Problem! In welcher Person steht es immer?

Quera: In der 3. Person Singular; Subjekt ist ja ›es‹.

Ali: Allen klar? Dann gehen wir jetzt noch ein Schrittchen weiter: So wie es von intransitiven Verben ein unpersönliches Passiv gibt, so gibt es auch entsprechend ein unpersönliches Gerundivum: ›paretur‹ heißt ›es wird gehorcht‹; was heißt dann ›parendum est‹?

Pici: ›Es muß gehorcht werden‹.

Ali: Natürlich! Und was heißt ›magistris parendum est‹?

Bella: ›Den Lehrern muß gehorcht werden‹.

Ali: Und ›discipulis magistris parendum est‹?

Ambi: ›discipulis‹ ist jetzt wieder der Dativus auctoris beim Gerundivum; also ›von den Schülern muß den Lehrern gehorcht werden‹.

Quera: Ja, aber ... das könnte doch genauso heißen ›von den Lehrern muß den Schülern gehorcht werden‹, oder?

Ali: Richtig, Querula! Wir haben in unserem Beispielsatz zwei Dative: Einer davon ist Dativobjekt zu ›parere‹: ›Wem muß gehorcht werden?‹ Antwort: ›magistris‹, ›den Lehrern‹; der andere Dativ ist – wie gesagt – der Dativus auctoris beim Gerundivum: ›Von wem muß gehorcht werden?‹ Antwort: ›discipulis‹, ›von den Schülern‹. Wenn man nun aber die Funktion der beiden Dative vertauscht, d.h. ›discipulis‹ als Dativobjekt betrachtet und ›magistris‹ als Dativus auctoris, dann bedeutet der Satz das Gegenteil! In solchen Fällen wird, um Verwechslungen zu vermeiden, gewöhnlich der Ablativ mit ›a/ab‹ statt des Dativus auctoris verwendet: ›A discipulis magistris parendum est‹, würde man ganz korrekt sagen.

Noch ein Beispiel für das unpersönliche Gerundivum: ›ridere‹, ›lachen‹, ist auch ein intransitives Verbum; was heißt dann ›ridendum est‹?

Inda: ›Es muß gelacht werden‹.

Ali: Und was heißt dann ›ridendum non est‹?

Ambi: ›Es *darf* nicht gelacht werden‹.

Ali: Jawohl! Das solltet ihr euch zum Abschluß noch merken: Das prädikative Gerundivum wird mit ›müssen‹ übersetzt; mit einer Verneinung verknüpft bedeutet es dagegen ›nicht dürfen‹. Was heißt also ›in templo ridendum non est‹?
– Ach, lassen wir das für heute. Wir sind nun am Ende, amici.

Pici: Jawohl, richtig fertig!
Ali: Mit den nd-Formen, Pictor! Morgen werde ich euch allen nochmal eine Zusammenfassung bieten.
Und nun, liebe Omina, habe ich sogar ein paar Übungsblätter dabei.

---

1. Die folgenden lateinischen Sätze stehen alle im Aktiv; setze sie zunächst ins Passiv und ersetze dann das passive Prädikat durch ein Gerundivum (vgl. die Übung zur vorigen Lektion); übersetze das Endergebnis ins Deutsche!

Und nicht vergessen: Bei intransitiven Verben mußt Du ein unpersönliches Passiv bzw. ein unpersönliches Gerundivum bilden!

Beispiel: Parentibus paremus ——→ a nobis parentibus paretur ——→
a nobis parentibus parendum est
"Von uns muß den Eltern gehorcht werden"

1. Scholam perferimus.
2. Discipuli in schola non fumant (fumare=rauchen).
3. Pictor in lectionibus tabulas (=Bilder) non pingit.

Und nun noch eine kleine Denksportaufgabe für ganz Schlaue:

4. Pigris magister non parcit
(parcere=schonen, verbindet sich im Lateinischen mit dem Dativ, ist also intransitiv).

Vergleiche im Lösungsheft Seite 25

2. Die folgende Liste enthält lauter Ausdrücke (größtenteils sind es unpersönliche Ausdrücke) die man, wenn man oberflächlich übersetzt, im Deutschen mit "müssen" wiedergeben könnte; zu jedem Ausdruck hast Du auch einen lateinischen Beispielsatz; anhand dieser sollst Du herausfinden, welche der angegebenen präzisen Übersetzungen zu welchem lateinischen Ausdruck paßt:

lateinische Ausdrücke: genaue deutsche Bedeutung:

1) necesse est   a) etw. schulden, moralisch
                                         zu etw. verpflichtet sein
2) decet   b) es ist nötig, unabänderlich
3) oportet   c) es ist erforderlich, wird
                                         benötigt
4) opus est   d) es ziemt sich, der Anstand
                                         erfordert etwas
5) debere   e) es gehört sich, die Ordnung
                                         erfordert etwas

Beispielsätze: 1. Necesse est homines mori.
2. Non decet magistrum suscensere (=zornig sein).
3. Oportet discipulos scholam cottidie visitare.
4. Magister dicit. "Opus est vos id scire de Gerundivo, quod vos docui".
5. Magister discipulos semper adiuvare debet.

Alle diese Ausdrücke können im Lateinischen durch das Gerundivum ersetzt werden; und das sollst Du jetzt machen!

Als Beispiel der erste Satz:

Necesse est homines mori ⟶ hominibus moriendum est

Vergleiche im Lösungsheft Seite 25

3. Und nun noch ein wenig Übersetzungsmethodik: Wie bereits bekannt, sind die vorkommenden Nebensätze -jeweils mit Nebensatzeinleitung- herauszufiltern; ein evtl. vorkommendes Gerundium soll ein Kreuz (+) über dem charakteristischen "nd" bekommen, ein Gerundivum zur Unterscheidung zwei Kreuze (++); handelt es sich um ein prädikatives Gerundivum, so ist das "nd" zusätzlich noch zu unterstreichen:

      +   ++   ++
Gerundium, attributives Gerundivum, prädikatives Gerundivum

Beispiel: Etiam in Gerundio discendo ratio atque via transferendi praetermittenda non est.

(Vokabeln: ratio atque via=Art,Weise und Weg = "Methodik";
transferre=übersetzen; ratio atque via transferendi = ?; praetermittere=übergehen,auslassen)

1. Omnia Gerundia crucibus afficienda sunt, ne erremus in transferendo.
   (Vokabeln: crux,crucis,f=Kreuz; afficere=versehen mit etw.; errare=irren, einen Fehler machen)
2. In crucibus attribuendis cavendum est, ne plures cruces faciamus, quam nobis faciendae sunt.
   (Vokabeln: attribuere=zuteilen, zuordnen; cavere,ne = aufpassen, daß nicht)
3. Nam Aquiloculus dixit:" Si vos in errore deprehendero, vos acriter reprehendam!"
   (Vokabeln: error,oris,m=Fehler,Irrtum; deprehendere=ertappen; reprehendere=tadeln)

Vergleiche im Lösungsheft Seite 25

Einunddreißigster Tag: Schlußrunde mit Gerundium und Gerundivum

Ali: Zunächst noch einmal eine ganz einfache Frage: Woran erkennt man, daß in einem lateinischen Satz eine nd-Konstruktion vorliegt?

Inda: Es muß eine nd-Form in dem Satz vorkommen.

Ali: Richtig! Und nun zur feineren Unterscheidung: Wir haben Gerundium und Gerundivum kennengelernt; wie kann man diese beiden Konstruktionstypen voneinander unterscheiden?

Ambi: Das Gerundium kommt ja nur im Genitiv, Dativ, Akkusativ und Ablativ Singular vor; es endet also auf -ndi, -ndo oder -ndum.

Ali: Das stimmt; aber kann nicht auch ein Gerundivum auf -ndi, -ndo oder -ndum enden?

Ambi: Leider ja!

Ali: Also wissen wir nur folgendes: Eine nd-Form auf -ndi, -ndo oder -ndum ist entweder Gerundium oder Gerundivum, eine nd-Form mit anderer Endung – z.B. ›laudandorum‹ – ist dagegen sicher Gerundivum! Und nun differenzieren wir weiter: Nehmen wir an, eine nd-Form hat sich als Gerundivum entpuppt; jetzt stellt sich die Frage: Handelt es sich um ein attributives oder um ein prädikatives Gerundivum? Gibt es auch hier Unterscheidungsmöglichkeiten?

Calli: Das prädikative Gerundivum ist ja immer mit einer Form von ›esse‹ verbunden und daher leicht erkennbar.

Ali: Und dann hat das prädikative Gerundivum noch ein Erkennungsmerkmal: Es steht nämlich nur in bestimmten Fällen!

Ambi: Als Prädikatsnomen steht es natürlich im Nominativ.

Ali: Was du sagst, stimmt fast: Meistens steht das prädikative Gerundivum im Nominativ: ›In schola ludi vitandi sunt‹, ›in der Schule müssen Spiele unterlassen werden‹. Was ist aber in dem Satz: ›Scimus in schola ludos vitandos esse‹? Pictor?!

Pici: ›Wir wissen, daß Spiele in der Schule unterlassen werden müssen‹; in diesem Fall steht die Gerundivkonstruktion im aci, abhängig von ›scimus‹; deshalb steht jetzt das prädikative Gerundivum im Akkusativ: ›vitandos‹; es richtet sich nach seinem Beziehungswort ›ludos‹.

Ali: Gut, Pictor, immerhin hast du verstanden, worum es geht, obwohl du seit geraumer Zeit ›Schiffe versenkst‹, wie ich sehr wohl bemerkt habe!

Das prädikative Gerundivum hat also folgende Merkmale: Es steht entweder im Nominativ oder im Akkusativ und ist stets mit einer Form von ›esse‹ verbunden. Ich fasse noch einmal zusammen:

nd- Konstruktionen

I. Gerundium (endet auf -ndi,-ndo oder -ndum):
   Substantivierter Infinitiv:

   Somnulus a dormiendo abstineri non potest.

   Somnulus kann nicht vom Schlafen abgehalten werden.

II. Gerundivum

   1. Gerundium + Akk.-Objekt ⟶ attributives Gerundivum

      Somnulus ludos faciendo ⟶ S. ludis faciendis
      delectatur   delectatur

      Somnulus wird durch Spiele - eigentlich "durch das Spiele machen" - erfreut.

   2. prädikatives Gerundivum (steht im Nominativ oder Akkusativ, ist mit einer Form von "esse" verknüpft)

      Somnulus a dormiendo abstinendus est
      Somnulus muß vom Schlafen abgehalten werden.

Ali: Damit haben wir es wieder einmal geschafft, Leute! Wir haben das vielleicht schwierigste Kapitel der lateinischen Grammatik gemeistert. Und was ihr jetzt über die nd-Formen gelernt habt, reicht allemal für eine gute Lateinnote! Salvete, discipuli!

Heute verschont Ali seine Schülerinnen und Schüler mit dem Übungsblatt. Doch beim Verlassen des Klassenzimmers fällt ihm ein Zettel aus der Tasche, um den sich alle reißen, als sie lesen können, worum es dabei geht. Diesen Zettel möchten sie unbedingt mit nach Hause nehmen und ihren Lateinlehrern nach den Ferien »auf's Brot schmieren« oder wenigstens auf's Pult legen ...

Decem praecepta, quae bonis magistris respicienda sunt
in discipulis educandis:

I. Discipuli tibi non tractandi sunt sicut servi sed sicut amici.
II. Discipulis a te confidendum est, etiamsi confidentia tua interdum abutuntur.
III. Etiam schola finita discipulis a te consulendum est.
IV. Patiens sis opprobria perferendi!
V. Semper paratus sis ad iocos dandos!
VI. Tibi perficiendum est ut discipuli cupidi discendi sint.
VII. Non severitate adhibenda sed edendis exemplis discipuli tibi ad te imitandum incitandi sunt.
VIII. Semper tibi recordandum est te aliquando fuisse discipulum.
IX. Ea, quae vix intellegunt discipuli, tibi ita explicanda sunt, ut facilia esse videantur ad comprehendendum.
X. Si quis discipulus minus idoneus est ad discendum, non tibi minoris aestimandus est.

Vokabelangaben:

Überschrift: praeceptum,i,n = Vorschrift, Gebot
respicere = beachten
I. tractare = behandeln
II. confidere + Dat. = jemandem vertrauen
abuti + Abl. = etw. mißbrauchen
III. consulere + Dat. = sorgen für jdn.
IV. patiens + Gen. = geduldig in etw.
opprobrium,i,n = Vorwurf
V. iocum dare = einen Witz machen
VI. Müßte alles bekannt sein!
VII. severitas,-tatis,f = Strenge
adhibere = anwenden
exempla edere = Beispiele geben
VIII. recordari + aci = sich an etwas erinnern
IX. Alles klar!
X. minoris aestimare = weniger schätzen

Vergleiche im Lösungsheft Seite 25

Zweiunddreißigster Tag: Das pc

Die Ferienschule macht einen Ausflug zum Forum Romanum. In der freien Zeit vor dem Treffpunkt entdecken einige Schüler auf einer Säule oder Stufe in der Nähe eine Kritzelei, die sie nicht übersetzen können. Als auch Ali am Treffpunkt eintrifft, ziehen ihn Omina und die anderen Schüler auf die Seite, um ihm die Inschrift zu zeigen.

Oma: Hallo, Ali! Kannst du nicht mal mitkommen? Wir haben 'ne Inschrift gefunden, die wir nicht rauskriegen, ist da gleich um die Ecke!

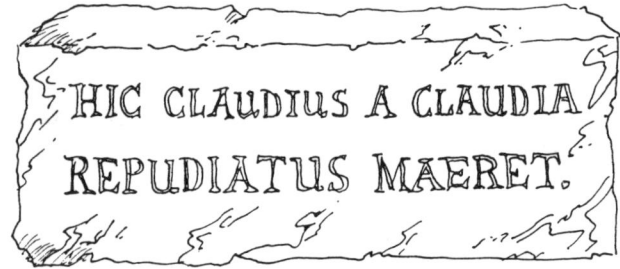

Ali: So, so! Und was versteht ihr daran nicht?
Pici: Na, z.B. was maeret heißt!
Inda: Das weiß ich noch: maerere heißt trauern, maeret ist dann: er trauert. Hm, ich glaube, ich komme noch ein Stück weiter: Subjekt ist Claudius: Claudius trauert. Hic is 'n Adverb und heißt hier. Also: Hier trauert Claudius. Mit dem Rest a Claudia repudiatus kann ich jetzt nix anfangen.

Ali: Hm – ich sage euch was: Wenn ihr wollt, erkläre ich euch das jetzt gerne. Es ist aber ein wichtiges Kapitel und wird uns dann noch eine Weile beschäftigen. Wollt ihr trotzdem?
Oma: Logo – machen wir jetzt, oder was meinen die anderen?
Calli: Alles klar!
Ali: Schön! Also zur Inschrift: Fehlt noch der Teil ›a Claudia repudiatus‹. Einen Teil davon kann man ganz gut übersetzen:
Pici: a Claudia – wird wohl von Claudia heißen.
Inda: repudiatus kenne ich nicht. Könnte das von repudiare kommen?
Ali: Genau. Was heißt denn repudiare?
Inda: Zurückweisen, verschmähen.
Ali: Und was würde heißen: Claudius repudiatus est?
Pici: Na, Claudius ist verschmäht worden.
Ali: Was heißt nun repudiatus alleine?
Pici: Verschmäht.
Ali: So, und das setzen wir nun in unsere Inschrift ein. ›Hier trauert Claudius‹ haben wir bereits als Rahmensatz. Schaut euch jetzt die Endung von repudiatus an und überlegt, zu welchem Satzteil des Rahmensatzes es wohl gehört.

Oma: Also, die Endung -us ist sicherlich Singular, maskulinum und Nominativ; folglich müßte repudiatus zu Claudius gehören und dazu irgendwie 'ne Ergänzung sein! Ach, ich probier's einfach mal ganz wörtlich:
Hier trauert Claudius, dann: Hier trauert der verschmähte Claudius.

Ali: Man kann auch sagen, sie stehen miteinander in Verbindung; weiß jemand, was verbinden heißt?
Ambi: coniungere, oder?
Ali: Genau. Und weil das Partizip mit einem anderen Wort verbunden ist, nennt man es ein participium coniunctum. Unser repudiatus ist mit Claudius verbunden – wozu gehört Claudius?

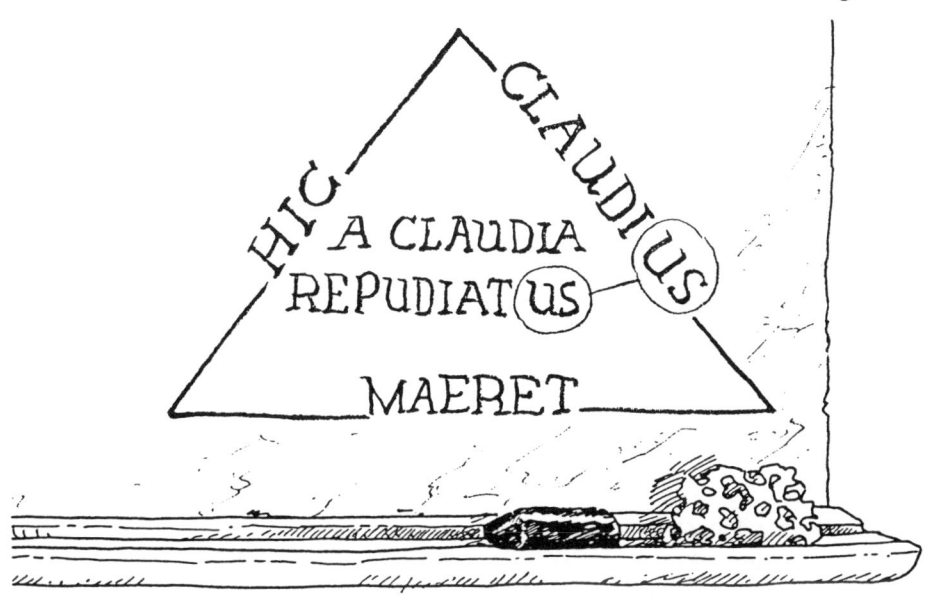

Calli: Ah ja, klar: Und a Claudia steht genau dazwischen, also ist es: der von Claudia verschmähte Claudius. Der ganze Satz muß heißen: Hier trauert der von Claudia verschmähte Claudius.
Somi: Porcus miser, ille Claudius, ach je!
Ali: Das stimmt, Somnulus! So, halten wir folgende Tatsache fest: Woran habt ihr erkannt, zu welchem anderen Wort repudiatus gehört?
Calli: Na, die Endung von repudiatus zeigt an: maskulinum/Singular/Nominativ, und die gleichen Merkmale hat auch Claudius. Da beide Worte in Casus, Numerus und Genus kongruent sind, gehören sie zusammen.

Oma: Na, zum Rahmensatz, der das Partizip umgibt!
Ali: Sehr schön! Man kann sich das auch recht einfach mit einem kleinen Schaubild verdeutlichen – ich male es euch gerade kurz auf, seht mal her: Das Partizip steht mit seiner Erweiterung innerhalb eines Rahmensatzes, der hier als umgebendes Dreieck dargestellt ist. Das Partizip kann duch seine CNG-Kongruenz auf ein Wort des Rahmensatzes bezogen werden und ist zu diesem Wort eine weitere inhaltliche Information. Tja – dann würde ich sagen, daß wir uns auf den Heimweg machen, oder? Thema und Inschrift behalten wir im Kopf, für die nächste Stunde, ja?

Dreiunddreißigster Tag: Bildung und Übersetzung von Partizipien

Ali: Wir wollen heute noch mit dem Thema vom Forum fortfahren. Erinnert ihr euch noch an die Inschrift?
Oma: *Hic Claudius a Claudia repudiatus maeret.*
Ali: Und wie hieß die Konstruktion, die sich hinter ›repudiatus‹ verbirgt?
Bella: participium coniunctum.
Ali: Ja – und weshalb coniunctum?
Pici: Das heißt verbunden – repudiatus ist mit einem Wort des Rahmensatzes verbunden, bei uns war das Claudius.
Ali: Und woran kann man erkennen, mit welchem Wort das Partizip verbunden ist?
Pici: Weil es mit dem Bezugswort kongruent ist.
Ali: Schön! Nun verhält es sich mit dem Partizip ähnlich wie mit den Infinitiven vom aci: Zuerst muß man sie im Satz erkennen, dann kann man an's Übersetzen gehen. Also wollen wir jetzt auch zunächst sammeln, welche Partizipien es überhaupt gibt, wie sie aussehen und übersetzt werden. Ok?
Ambi: Na, eines hatten wir doch gestern, auf'm Ausflug: repudiatus – verschmäht.
Ali: Verschmäht – ist das Aktiv oder Passiv?
Ambi: Passiv, logo, der Claudius ist ja verschmäht worden und hat nicht selbst jemanden verschmäht.
Ali: Liegt es in der der Gegenwart, Vergangenheit oder Zukunft?
Ambi: Momentchen mal – der verschmähte Claudius trauert – erst ist er verschmäht worden, also: Vergangenheit.
Ali: Stimmt genau. Deshalb heißt dieses Partizip Perfekt Passiv; an der Form kann man ja auch erkennen, daß es von der Perfekt-Passiv-Stammform gebildet ist. Wer weiß denn, welche anderen Partizipien es außerdem noch gibt?
Inda: Ein Partizip Futur Aktiv und ein Partizip Präsens Aktiv.
Ali: Sehr schön, Industria. Dazu gibt es eine kleine Tabelle, die man sich ganz gut merken kann:

	Aktiv	Passiv
Part.Präs.	X	
Part.Perf.		X
Part.Fut.	X	

Ali: Wie diese drei Partizipien nun aussehen, dekliniert und übersetzt werden, tragen wir in eine große Tafel ein:

			Ausgänge der gemischten Deklination	
Part. Präsens Aktiv	ama - ns mone - ns audie - ns lege - ns	liebend (er)mahnend hörend lesend	ama- ns ama- ntis ama- nti ama- ntem,-ns ama- nte	ama- ntes,-ntia ama- ntium ama- ntibus ama- ntes,-ntia ama- ntibus
Part. Perfekt Passiv	Ausgänge der a + o - Deklination		ama- tus,a,um moni- tus,a,um audi- tus,a,um lec- tus,a,um	geliebt ermahnt gehört gelesen
Part. Futur Aktiv	ama - turus,a,um moni - turus,a,um audi - turus,a,um lec - turus,a,um	lieben wollen ermahnen wollen hören wollen lesen wollen	Ausgänge der a + o - Deklination	

Ali: Hier wollen wir einige Minuten anhalten, um etwas zu üben. Ich lasse einige Verben im Infinitiv und danach ein paar Partizipien aus dem Computer.

I. Bilde die drei möglichen Partizipien und übersetze sie.

Infinitiv	Part.Präs.Akt.	Part.Perf.Pass.	Part.Fut.Akt.
agere			
putare			
punire			
regere			
delere			
debere			
accusare			
credere			
capere			
impedire			

II. Übersetze die verschiedenen Partizipien ins Deutsche.

oratus -   mixtus -
ornans -   ludens -
motus -   collectus -
obeodiens -   iunctus -
mutaturus -   finitus -
moturus -   fusus -
missus -   gerens -

III: Gleiche das in Klammern stehende Partizip an das Substantiv an! Manchmal gibt es mehrere Möglichkeiten

patrem (arans) -
filia (ridens) -
puero (ludens) -
agro (aratus,a,um) -
sole (occidens) -
milites (pugnans) -
incolae (timens) -
discipulum (legens) -
fabulam (scriptus,a,um) -

Vergleiche im Lösungsheft Seite 26

Vierunddreißigster Tag: Zeitverhältnisse bei Partizipien

Ali: In der letzten Stunde hatten wir über die Partizipien gesprochen. Wer kann denn noch einmal sagen, welche Partizipien es gibt?

Pici: Partizip Präsens Aktiv, Perfekt Passiv und Futur Aktiv.

Ali: Ja. Kann sich vielleicht auch jemand vorstellen, weshalb es drei verschiedene Partizipien gibt? Eins allein wäre doch viel weniger schwer zu lernen!

Quera: Na, aus dem gleichen Grund, aus dem es beim aci auch die verschiedenen Infinitive gibt: wegen dem Zeitverhältnis.

Ali: Stimmt, Querula. Ich schreibe nun dreimal fast den gleichen Satz an, den wir dann auch dreimal fast gleich übersetzen wollen.

Calli: Ich glaube, das schaff' ich: Also, Subjekt-Prädikat-Objekt übersetzt, das heißt mal: Julius hat die Freunde erfreut. Narrans ist'n Partizip, und zwar Nominativ Singular, und kann alle drei Geschlechter haben – muß sich auf Julius beziehen, weil das auch Nominativ Singular ist. Es ist nicht nur Julius, sondern der erzählende Julius hat die Freunde erfreut. Soooo – nun fehlt nur noch fabulam, das ist Akkusativ Singular – wen oder was? Gehört sicher zu narrans dazu, steht ja auch wieder in der Mitte zwischen Partizip und Bezugswort. Eine Geschichte erzählend ... Dann muß der ganze Satz heißen: Julius, eine Geschichte erzählend, erfreut die Freunde – oder: Julius, der eine Geschichte erzählt ...

I. Julius fabulam narrans amicos delectavit.

Ali: Sehr schön, Callidus! Kannst du vielleicht auch erklären, wie sich erzählend zeitlich zu Julius erfreute verhält?

Calli: Na, im Satz steht'n Partizip Präsens Aktiv, und Partizip Präsens heißt, daß die Handlung des Partizips zur gleichen Zeit geschehen muß, wie die vom Prädikat des Satzes. Erzählend geschieht parallel zu er erfreute.

II. Julius ab amicis delectatus fabulam narravit.

Ali: Ganz genau. Dann nehmen wir uns doch gleich den nächsten Satz vor!

Bella: Ich möchte auch gerne mal probieren!

Ali: Gerne, Annabella, nur zu!

Bella: Zuerst das Prädikat, das wäre narravit, er, sie, es hat erzählt. Subjekt, wer oder was? Julius, zusammen: Julius hat erzählt. Wen oder was? fabulam ist Akkusativobjekt, also: Julius hat eine Geschichte erzählt. Nun ist auch wieder 'n Partizip drin: delectatus, das is'n Partizip Perfekt Passiv im Nominativ Singular Maskulinum. Vielleicht erfreut oder der erfreute ... Durch Casus und Numerus gehört's zu Julius: der erfreute Julius hat eine Geschichte erzählt. Wem? Den Freunden. Der erfreute Julius erzählte den Freunden eine Geschichte.

Ambi: Zum Schluß das hat aber nicht gestimmt! Amicis ist doch nicht Dativ, sondern Ablativ wegen dem ›ab‹.

Ali: Ja, das war ein kleiner Fehler, Annabella. Kannst du es jetzt richtig sagen?

Bella: Der von den Freunden erfreute Julius erzählte eine Geschichte. Ist schon klar, ab amicis steht ja auch wieder zwischen Julius ... delectatus ...

Pici: Also, bei uns in der Schule könnten wir so'n Satz aber nicht schreiben. Das sagt doch kein Mensch so!

Bella: Ich mach's aber zuerst immer so wörtlich, du Eumel, gut formulieren kannste später immer noch!

Ali: Welche Übersetzung würde dir denn besser gefallen, Pictor?

Pici: Z.B.: Julius, der von den Freunden erfreut worden war, hat eine Geschichte erzählt. Ich finde, man kann sogar ruhig noch ein bißchen freier sagen: Julius, der über die Freunde froh war, hat ihnen eine Geschichte erzählt.

Ali: Das ist eine schöne Übersetzung, Pictor. Wir sprechen aber auf jeden Fall noch ausführlicher von den Übersetzungsmöglichkeiten, weil das wichtig ist.
Kann jetzt jemand kurz erläutern, in welchem zeitlichen Verhältnis delectatus und narravit zueinander stehen?

Quera: Im Satz steht ein Partizip Perfekt Passiv, und das muß so übersetzt werden, daß es vor dem Prädikat geschehen ist, in unserem Satz eben vor narravit. Erst ist er irgendwie erfreut worden, und danach hat er dann was erzählt.

Ali: Einwandfrei, Querula. Dann mal zum dritten und letzten Satz:

III. Amici Claudium delectaturi fabulam narraverunt.

Oma: Jetzt würde ich's ganz gerne einmal probieren, ja? Das Prädikat heißt sie haben erzählt. Wer oder was? Subjekt ist amici, die Freunde haben erzählt. Wen oder was haben sie erzählt? Eine Geschichte. Delectaturi: Das ist ein Partizip Futur Aktiv, außerdem entweder Genitiv Singular Maskulinum oder Nominativ Plural Maskulinum; wahrscheinlich ist es Nominativ Plural, weil es dann auf amici bezogen werden kann. Einen Genitiv gibt's ja im ganzen Satz gar nicht. Also: Die Freunde, im Begriff zu erfreuen, erzählen eine Geschichte. Wen oder was werden sie erfreuen? Claudius. Die Freunde, im Begriff, Claudius zu erfreuen, erzählen eine Geschichte. Vielleicht besser: Die Freunde, die Claudius erfreuen wollen, erzählen eine Geschichte.

Ali: Da bin ich platt, Omina, die Übersetzung war einwandfrei. Ja, und was könnte nun über das Zeitverhältnis von Partizip Futur und Prädikat gesagt werden? ... Na, wie wär's, Somnulus?

Somi: Jaaaaaa – das Partizip Futur muß so übersetzt werden, daß es nach dem Prädikat geschieht.

Ali: Richtig. Jetzt haben wir alle drei Zeitverhältnisse zusammengetragen und schreiben sie zusammenhängend auf:

```
Partizip Präsens Aktiv:   Die Handlung dieses Partizips verläuft
                          stets parallel zur Handlung des Prädikats:
                          GLEICHZEITIGKEIT

Partizip Perfekt Passiv:  Die Handlung dieses Partizips verläuft
                          immer zeitlich  v o r  der Handlung des
                          Prädikats: VORZEITIGKEIT.

Partizip Futur Aktiv:     Die Handlung dieses Partizips verläuft
                          zeitlich  n a c h  der Handlung des
                          Prädikats: NACHZEITIGKEIT.
```

Pici: Ali, guck' mal, ich hab' mir das aufgemalt, ich glaube, so kann ich mir's besser merken!

Ali: Natürlich, Pictor, so geht es auch, finde ich sehr schön, dieses Schema!

Pici: Aquiloculus multa nobis pollicetur.
(Womit er sinngemäß meinte: Da verspricht uns Ali aber eine ganze Menge)

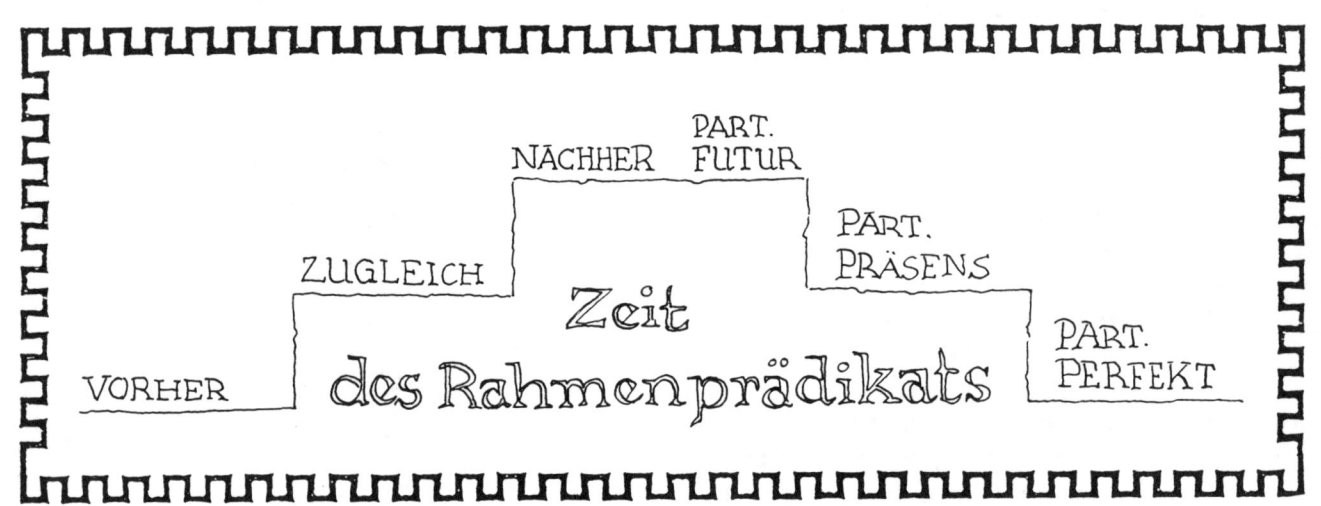

Auf jeden Fall empfehle ich euch, zuerst immer wörtlich zu übersetzen, wie wir das hier auch getan haben: Eine gute Formulierung kann man nachher immer noch suchen. Es gibt auch eine kleine Art ›Probe‹, zur Kontrolle, ob man richtig übersetzt hat: Man überprüft bei jeder Übersetzung, ob die Partizipien richtig in Aktiv und Passiv übersetzt sind. Partizip Präsens und Futur werden immer ...

Calli: ... im Aktiv übersetzt und das Partizip Perfekt immer im Passiv.

Ali: So, dann wollen wir uns jetzt eine Übung vornehmen. Dabei geht es um das Forum, auf dem wir neulich waren ...

Ich habe euch eine Menge Übungen mitgebracht. Doch wenn ihr sie schön verteilt erledigt, werdet ihr bestimmt großen Nutzen davon haben.

Zu ergänzen sind die fehlenden Endungen der Partizipien in ihrer korrekten Form:

DE FORO ROMANO

1. In foro Romano duces e bello redeunt.... salutati sunt.
2. In foro cives Romani quoque multos oratores in rostris[1] stant.... audiverunt.
3. In multis templis a piis hominibus exstruct.... dei culti[2] sunt.
4. Romani enim dis immortalibus populum benigne curant.... saepe immolaverunt.
5. Ignis sacer salutem rei publicae Romanae significan.... a virginibus deae Vestae in templo servatus est.
6. Sub templo Saturni Augustus miliarium[3] aureum omnes regiones imperii monstra .... collocavisse dicitur.
7. Hic quoque multi mercatores[4] non solum Romanis sed etiam peregrinis ex toto imperio (Romae visitandae causa) advenien... merces obtulerunt[5].

Satz 7 ist ohne Klammer etwas leichter übersetzbar!

Wortangaben:

1. rostra,orum,n = Rednertribüne
2. colere,colo,colui,cultus = pflegen, verehren, bebauen
3. miliarium,i,n = röm. Meilenstein
4. mercator,oris,m = Händler, Kaufmann
5. merx,cis,f = womit man handelt: Ware
   merces offerre = Waren anbieten

Vergleiche im Lösungsheft Seite 26

Zu jedem lateinischen Satz stehen mehrere Übersetzungen da, von denen aber nur jeweils eine einzige richtig ist. Welche?

I. Magister discipulos laudans gaudet.

   a) Ein Lehrer freut sich, wenn er die Schüler gelobt hat.
   b) Ein Lehrer freut sich, weil er die Schüler loben wird.
   c) Ein Lehrer freut sich, wenn er die Schüler lobt.
   d) Die Schüler freuen sich, wenn der Lehrer lobt.

Es stimmt die Möglichkeit | a | b | c | d |

II. Nos hodie quoque forum Romanum spectantes valde stupemus.

   a) Auch heute staunen wir sehr, weil wir das Forum Romanum besichtigen werden.
   b) Wir staunen auch heute sehr, weil wir das Forum Romanum besichtigt haben.
   c) Wir staunen auch heute sehr, wenn wir das Forum Romanum besichtigen.

Es stimmt die Möglichkeit | a | b | c |

III. Puellae a bestiis silvae non territae iter perrexerunt.

   a) Die Mädchen haben ihre Reise fortgesetzt, weil sie von den wilden Tieren des Waldes nicht erschreckt wurden.
   b) Die Mädchen haben ihre Reise fortgesetzt, weil sie von den wilden Tieren des Waldes nicht erschreckt werden.
   c) Wenn die Mädchen von den wilden Tieren des Waldes nicht erschreckt werden, setzen sie ihre Reise fort.
   d) Die Mädchen, die von den wilden Tieren des Waldes nicht geschreckt worden waren, haben ihre Reise fortgesetzt.

Es stimmt die Möglichkeit | a | b | c | d |

Vergleiche im Lösungsheft Seite 26

IV. Trage die lateinischen Sätze I, II, III von der vorigen Spalte so in die Dreiecke ein, daß der Rahmen um die Partizipialkonstruktionen herum steht.

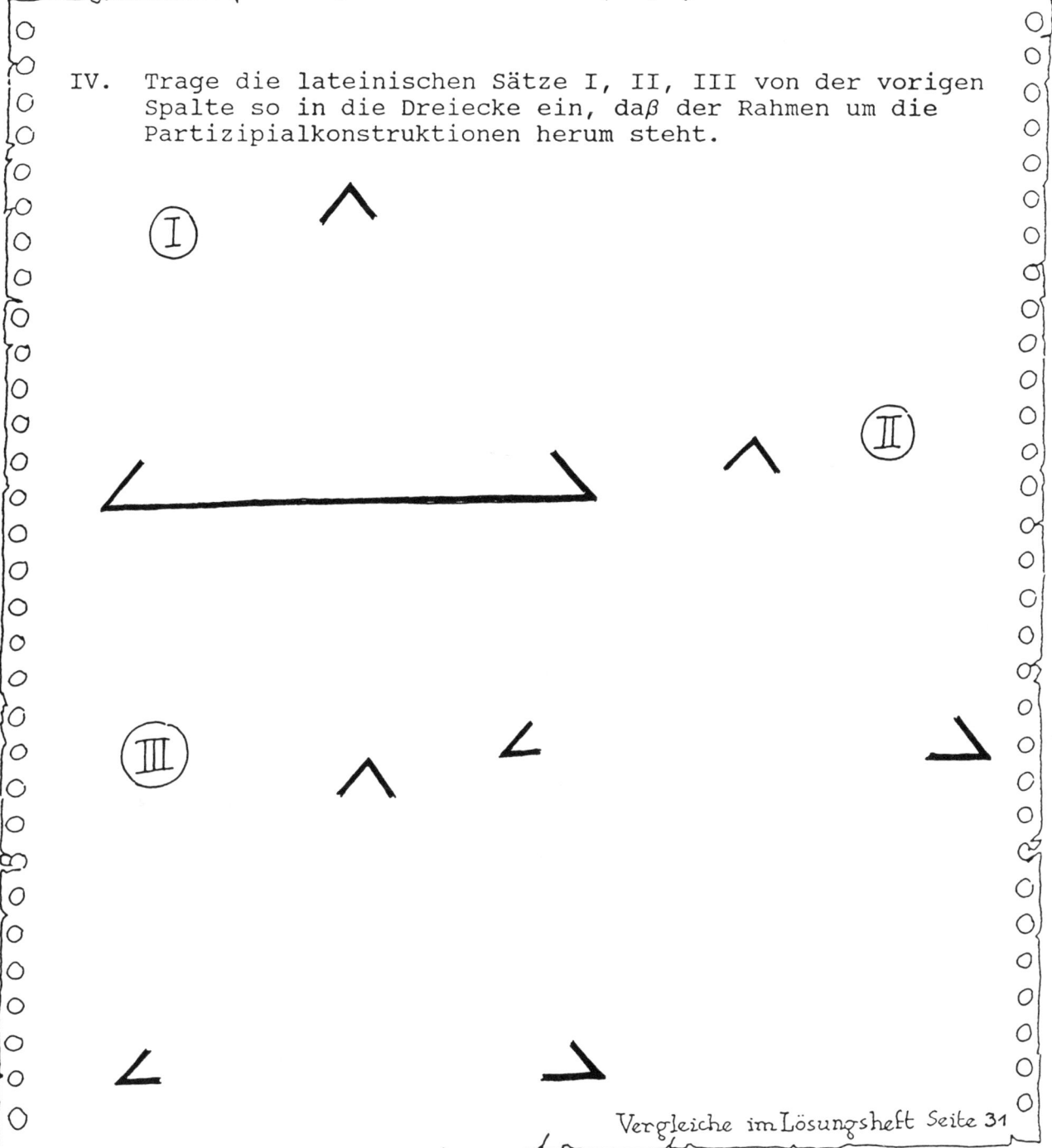

Vergleiche im Lösungsheft Seite 31

Fünfunddreißigster Tag: Fünfter Ruhetag

Wie nicht anders zu erwarten, zieht Pici heute wieder alle Register. Im ganzen Haus hat er Schilder und Hinweistafeln vertauscht und am schwarzen Brett eine ziemlich verwegene Suchanzeige ausgehängt:

Vocabula:

1 meminero + Akk. = ich werde mich erinnern an etw. (von meminisse);
2 tabula -ae f = Bild;
3 accipere mit zwei Akkusativen = etwas als etwas annehmen;
4 osculum -i n = Kuß

Annabella, dulcis es,
pulchrior quam Venus es!
Noctem in latibulo
semper nunc meminero¹.
Accipe hanc tabulam²
meam parvam gratiam³!
Tibi do et mihi da
mille tria oscula⁴!

BELLA? PICI
Vergleiche im Lösungsheft Seite 30

Sechsunddreißigster Tag: Übersetzungsmöglichkeiten des pc

Ali: So, wir sind schon ganz schön weit gekommen, bald werden wir das participium coniunctum beenden können.
Somi: Staaaak!
Ali: Es sind ja schon öfter von euch beim Übersetzen Vorschläge gekommen, wie man das pc anders und besser formulieren kann. Und gerade das wollen wir uns jetzt ein bißchen genauer angucken. Ich schreibe einen Satz an, den ihr zunächst so wörtlich wie möglich übersetzt, bitte.

Somi: ›sero‹ heißt ›zu spät‹ und ›domum‹ heißt: nach Hause. Das Problem von dem Satz kenne ich!
Bella: Alles klar dann: Der Vater hat den zu spät nach Hause zurückkehrenden Sohn angebrüllt.
Pici: So ein Satz würde bei uns nicht durchgehen. Besser wäre: Der Vater hat den Sohn, der zu spät nach Hause zurückkehrte, angebrüllt.
Ali: Was für einen Satz hat Pictor aus dem Partizip gemacht?
Somi: Einen Relativsatz.

Pater filium sero domum redeuntem inclamavit.

Bella: Zuerst mal das Prädikat: inclamavit, er, sie, es hat angebrüllt. Wer hat angebrüllt? Subjekt ist pater, der Vater hat angebrüllt. Wen oder was hat er angebrüllt? Entweder filium oder domum – der Sohn kommt mir wahrscheinlicher vor, damit versuche ich's zuerst: der Vater hat den Sohn angebrüllt. ›redeuntem‹ kommt von ›redire‹ und ist ein Partizip im Akkusativ Singular, wird also zu ›filium‹ gehören: Der Vater hat den zurückkehrenden Sohn angebrüllt. ›Sero‹ kenn' ich nicht und ›domum‹ auch nicht.

Ali: Schön! Nun haben wir das Partizip bereits wörtlich übersetzt und mit Relativsatz. Ich glaube, daß wir noch andere Übersetzungen gefunden hatten – überlegt doch einmal, was in dem Satz noch gut passen würde ...
Ambi: Ich würde sagen, mit ›weil‹ geht's hier ganz gut: Er hat den Sohn angebrüllt, *weil* er zu spät nach Hause kam.
Calli: Es geht aber auch mit ›als‹: Vater hat den Sohn angebrüllt, *als* er zu spät nach Hause kam.

Ali: Prima! Es gibt aber noch mehr Übersetzungen, überlegt mal: Es gibt zwei Sachverhalte, die Aussage des Rahmensatzes und die des Partizips ...

Pici: Können wir nicht erst nochmal das Dreieck malen, dann kann ich mir alles viel besser vorstellen!

Ali: Klar, machen wir. Ich male den Rahmen des Dreiecks, in den ihr zuerst den Rahmensatz eintragt, ja?
Anschließend kommt das Partizip dazu – wo muß es denn dann eingetragen werden?

Ambi: Na, in das Dreieck hinein, weil das Partizip zum Satz drumrum dazugehört!

Ali: Also los, tragt das in die Skizze hier ein!

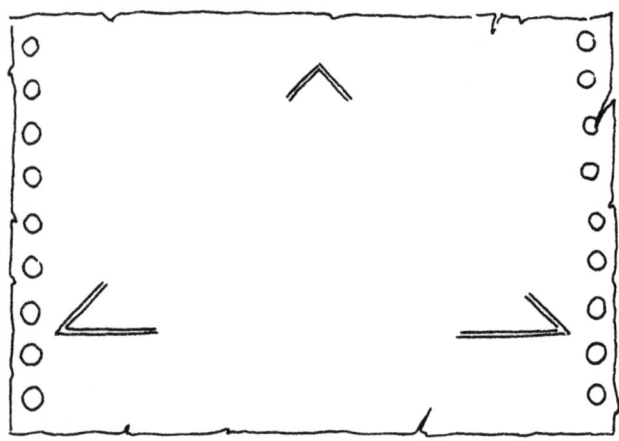

Somi: Ich finde, *wenn* paßt in dem Satz auch gut ...
Ali: Übersetz' ihn doch ganz mit *wenn*.
Somi: Naaa – wieso muß ich's denn machen?
Ali: Weil du unsere letzte Rettung bist! Auf geht's!
Somi: Der Vater hat den Sohn angebrüllt, wenn er zu spät nach Hause kam ... oder *falls* er zu spät kam.

Inda: Ich glaube, wir hatten's auch mal mit *obwohl* in der Schule, aber das scheint ja nicht richtig zu sein ...
Ali: Weshalb?
Inda: Vater hat den Sohn angebrüllt, obwohl er zu spät nach Hause kam ..., das ist ja wohl eher sinnlos!
Ali: Da hast du recht. Aber paß' mal auf, wenn der Satz nur ein klein bißchen verändert ist ... (siehe Seite 151 oben)
So, nun versuch' es noch einmal!
Inda: Der Vater hat den Sohn nicht angebrüllt, obwohl er zu spät nach Hause kam. Aha. Toll! Und woher weiß ich nun, wann ich welche Übersetzung benutzen kann?
Quera: Eben, eben, so'n Schwachsinn! Lauter Sätze, die sich prima anhören, vom Sinn aber ganz was anderes bedeuten – wie soll man da auf die richtige Lösung kommen?

> **Pater filium sero domum redeuntem non inclamavit.**

Ali: In der Tat, in der Tat! Da habt ihr eine Schwierigkeit aufgedeckt. Wovon kann es denn abhängen, ob man weil, wenn, als, während usw. braucht?

Oma: So'n Satz steht ja nicht alleine, sondern irgendwo in einem inhaltlichen Zusammenhang. Also nimmt man die Übersetzung, die im Zusammenhang am sinnvollsten ist.

Ali: Und wenn mehrere gute Übersetzungen zu passen scheinen?

Oma: Dann kann man sich eine aussuchen, die einem im Text am besten erscheint.

Ali: Genauso geht 's! Wir werden das auch gleich ...

Calli: ... wie sieht's mit zwei Sätzen aus? Also, ich mein', man macht aus dem Partizip auch einen *Hauptsatz*.

Ali: Sehr schön, wie heißt der Satz dann?

Calli: Der Vater hat den Sohn nicht angebrüllt – und der kam (schon wieder) zu spät nach Hause! Ist doch 'n netter Paps, oder?

Somi: Meiner gehört jedenfalls zu der anderen Sorte, der brüllt immer. Oh Mann, das ist echt nervig!

Ali: Naja, jetzt hast du ihn ja schon ewig lange nicht mehr gehört. Zum Schluß bitte ich euch zu versuchen, aus dem Partizip ›heimkehrend‹ ein *Substantiv* zu bilden, z.B.: die Heimkehr oder so ähnlich.

Pici: Bei der späten Heimkehr des Sohnes brüllte der Vater nicht ...

Inda: Trotz der späten Heimkehr ...

Ali: Auch prima mit trotz! Eine letzte Variante sage ich euch, weil ihr das vielleicht doch nicht mehr wißt: Übersetzt das Partizip einmal mit ›wohingegen‹.

Ambi: Der Sohn kam zu spät nach Hause, wohingegen der Vater ihn nicht anbrüllte! Und ich dachte schon, du würdest die *adversative* Methode vergessen. Hört sich in dem Satz aber auch nicht so doll an!

Quera Klugscheißer.

Ali: Naja, Quera, nun mach' mal halblang! Jeder arbeitet so gut mit, wie er kann!

Somi: Sag' mal, Ali, wir haben ja jetzt eine ganze Menge Übersetzungen für das pc gefunden. Durch das viele Gerede habe ich aber die meisten schon wieder vergessen und so. Kann man die nicht am Stück mit 'nem Beispielsatz aufschreiben? So alles auf einen Blick?

Ali: Seht euch den Satz an, und dann wollen wir versuchen, einmal alle Übersetzungen an diesem Satz durchzuprobieren: Wie wird nun der Rahmensatz übersetzt?

> **Mater filiam mensam non rosis ornantem vituperavit.**

MATER FILIAM	DIE MUTTER HAT DIE TOCHTER
MENSAM NON ROSIS ORNANTEM	....
VITUPERAVIT.	GETADELT
1. wörtlich:	:die den Tisch nicht mit Rosen schmückende Tochter...
2. Nebensatz mit Konjunktion:	
a) temporal: während, als nachdem	:als sie den Tisch nicht mit Rosen schmückte...
b) kausal: weil	:weil sie den Tisch nicht mit Rosen schmückte...
c) konzessiv: obwohl	:obwohl sie den Tisch nicht mit Rosen schmückte...
d) konditional: wenn	:wenn sie den Tisch nicht mit Rosen schmückte...
e) adversativ: wohingegen, (während)	:wohingegen diese den Tisch nicht mit Rosen schmückte...
3. Relativsatz:	:die den Tisch nicht mit Rosen schmückte
4. Hauptsatz:	:und diese schmückte gerade den Tisch nicht mit Rosen
5. Substantiv mit Präposition	:beim Nichtschmücken des Tisches mit Rosen

Inda: Die Mutter hat die Tochter getadelt ...

Ali: Genau – das bleibt nun immer ziemlich gleich, es ändert sich nun stets der Partizipialbereich ...

Bella: So, dann fehlt uns wahrscheinlich nur noch ...

Calli: ... ein Zeichen, damit das pc in der Bröselanalyse kenntlich gemacht werden kann!

Ali: So ist es – ich schlage vor, daß wir das Partizip und sein Bezugswort in runde Klammern setzen ...

Quera Und wenn bei dem Partizip noch was dabei steht, kommt das dann mit in die Klammer?

1 Mater filiam(mensam non rosis ornantem) vituperavit.

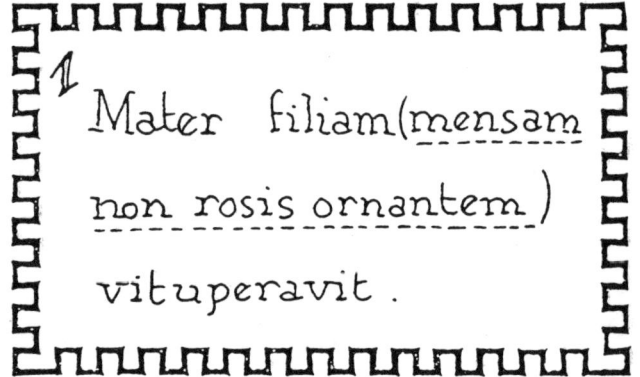

Ali: Wenn man die Ergänzung eines Partizips gleich erkennt, kann man sie ruhig mit in die Klammer nehmen; wenn man nur das Partizip hineinschreibt, muß man beim Übersetzen eben ein bißchen aufpassen, ob noch eine Ergänzung zum Partizip dasteht. Wir setzen sie in Zukunft dazu – wenn wir sie gleich bemerken.

Ambi: Für den Beispielsatz heißt das dann, daß der Teil von filiam bis ornantem eingeklammert wird – was zwischen beiden Worten steht, ist die Erläuterung des Partizips?

Ali: Genau so ist es – wüßten wir nicht, daß das Partizip eine Erweiterung hat, wäre *nur* filiam und ornantem eingeklammert.
Mehr darüber findet ihr im Übungsblatt von unserem 36. Kurstag.

Pici: O dei immortales, paulatim desiderio domus laboro!
(Mit diesem Seufzer will er sagen: O jemineh, ich krieg' allmählich Heimweh!)

Bei der Übersetzung der folgenden Sätze soll eine möglichst sinnvolle und gut klingende Formulierung für das Partizip gefunden werden.

De Ulixe*

Ulixes,is,m = Odysseus, ein griechischer Fürst, der auch vor
              Troia gekämpft hatte

1. Troia a Graecis expugnata erat. Sed Penelope*, uxor amata
   Ulixis, per decem annos maritum* exspectare debuit.

   Penelope,es,f = Penelope, Gattin des Odysseus, die ihn nicht
                   nur während der 10jährigen Belagerung Troias,
                   sondern auch während seiner 10jährigen Irrfahrt
                   treu zurückerwartete.
   maritus,i,m = Ehemann, Gatte

---

2. Ulixes enim cum ceteris Graecis a Troia deleta domum*profectus*
   longe per maria erravit.

   domum = nach Hause
   proficisci,or,profectus sum (Deponens) = aufbrechen

---

3. Illum virum praeclarum in Cyclopem*Polyphemum homines crude-
   liter comedentem* dolum adhibere necesse erat. Ita cum sociis
   effugere potuit.

   Cyclops, opis,m = (einäugiger) Riese,Kyklop
   Polyphemus,i,m = Polyphem hieß der Riese, den Odysseus
                    blendete, um zu entkommen
   comedere,edo,esi,esus = aufessen, verschlingen, fressen

---

4. Tum ad insulam Circes* omnes homines in apros* mutantis
   pervenit.

   Circe, Circes,f = eine Zauberin mit Namen Kirke
   aper, apri,m = Wildschwein, Eber

5. Postea nymphae Calypsui* quoque eum maritum cupienti feliciter resistere potuit.

   Calypso,us,f = Kalypso war eine sehr schöne Nymphe, die Odysseus gerne für immer auf ihrer Insel behalten hätte

---

6. Cum tandem in Ithacam insulam, regnum suum, reversus esset* ne a familia quidem* cognitus* a cane* fido laete salutatus est.

   Ithaca,ae,f = Insel vor der griechischen Küste, die es noch heute mit diesem Namen gibt; Heimat des Odysseus
   reverti,or,versus sum = zurückkehren
   ne...quidem = nicht...einmal/ nicht einmal...
   cognoscere,o,novi,nitum = erkennen, kennenlernen
   canis,is,m = der Hund

---

7. Rex reversus primum omnes procos* uxorem Penelopem in matrimonium abducturos* sagittis* interficit*. Tum multos annos Ithacam cum femina amata regnavit.

   procus,i,m = Freier, Bewerber
   in matrimonium abducere = (eine Frau) in die Ehe führen, heiraten
   sagitta,ae,f = der Pfeil
   interficere,io,feci,fectus = töten, umbringen

Vergleiche im Lösungsheft Seite 26

Siebenunddreißigster Tag: Vom Sinn des pc

Ali: Eigentlich haben wir jetzt alle wichtigen grammatischen Fragen des participium coniunctum besprochen ...

Quera: Soso ... darf ich vielleicht auch noch mal 'ne Frage stellen ...?

Ali: Natürlich, nur los, Querula!

Quera: Ich verstehe irgendwie überhaupt nicht, wozu dieses ganze Generve gut ist, ich meine, da muß man Formen von Partizipien lernen, Zeitverhältnisse beachten, ewig lange rumsuchen, ob das Ding mit ›weil‹ oder ›wenn‹ übersetzt wird, mords Umstand, und was kommt bei raus? Nix!

Bella: Hach, das find' ich aber auch!

Somi: Eben! Eben! Ich sag': Einfach weglassen!

Ali: Ne, ne, Mensch, bloß nicht! Das kommt so oft vor, das muß man können. Hat einer 'ne Idee, weshalb es das geben könnte?

Bella: Schikane, reine Schikane.

Ali: Also gut, ich mache euch einen Vorschlag: Wir gehen jetzt runter in den Hof und veranstalten einen kleinen Wettbewerb, um nach dem Sinn des Partizips zu forschen. Allerdings brauchen wir dafür zwei Mannschaften ...

Das lassen sie sich natürlich nicht zweimal sagen. Sie stürmen johlend in den Hof und haben im Nu zwei Mannschaften gewählt:
Quera, Calli, Inda und Oma bilden die Mannschaft A – und Somi, Bella, Pici und Ambi die Mannschaft B.

Ali: So, jetzt bekommen beide Mannschaften jeweils eine Marmorplatte, ein paar Meißel und Hämmer – und dann noch einen Zettel mit einem lateinischen Satz. Und dieser Satz soll in die Marmorplatte gemeißelt werden. Sieger wird ...

Pici: Mannschaft B!

Oma: Von wegen, du Angeber!

Ali: Sieger wird, wer als erster seinen Satz komplett in den Stein gemeißelt hat.

Bella: Iiih, da macht man sich ja total dreckig!

Pici: Clamor mulierum! (= Weibergeschrei!)

Ali: So, hier ist der Satz für jede Mannschaft:

> Postquam Socrates damnatus est venenum haurire debuit.
>
> (Nachdem Socrates verurteilt worden war, mußte er Gift trinken.)

> Socrates damnatus venenum haurire debuit.
>
> (Nachdem Socrates verurteilt worden war, mußte er Gift trinken.)

Somi: Stop! Wir sind fertig!

Quera: Das kann doch gar nicht sein, daß die so viel schneller sind, wir haben doch ohne Unterbrechung geschafft ...

Calli: Da ist sicher irgendein fieser Trick dabei ...

Ali: Na, das ist aber erstaunlich! Vielleicht liest die Siegergruppe ihren Satz einmal in der Übersetzung vor?

Ambi: Nachdem Sokrates verurteilt worden war, mußte er Gift trinken.

Calli: Das gibt's doch nicht, wir hatten ja auch genau den gleichen Satz wie die!

Ali: Aber nicht, wenn ihr die beiden Sätze miteinander vergleicht. Fällt euch da nicht etwas auf? Gibt es gar keinen Unterschied?

Calli: Na, das wollen wir mal sehen – legen wir die Sätze doch einfach nebeneinander:

> Postquam Socrates damnatus est venenum haurire debuit.

> Socrates damnatus venenum haurire debuit.

Inda: Also, das ist ja vielleicht unfair – unser Satz ist ja viel länger! Kein Wunder, daß wir verloren haben.
Ali: Aber wieso denn? Der Inhalt stimmt doch haargenau überein! Was soll daran ungerecht sein?
Calli: Ja, so gesehen – Momentchen mal –, der Unterschied ist: Postquam Socrates damnatus est gegenüber Socrates damnatus.
Somi: Schon klar – der eine lateinische Satz ist nur deswegen länger, weil er ein ›postquam‹ und ein ›est‹ mehr hat ...
Ali: Und weshalb hat der andere diese Worte nicht?
Inda: Weil der dafür ein Partizip hat, und das drückt das gleiche auch aus ...
Calli: Mensch, klar, jetzt hab' ich's begriffen: gleicher Inhalt des Satzes, aber weniger Worte – das participium coniunctum verkürzt Sätze, wenn man auch ein bißchen länger nach der Übersetzung suchen muß. Wir haben verloren, weil wir den gleichen Satz umständlicher ausgedrückt meißeln mußten!
Ali: Seht ihr – genau das ist der Vorteil von Partizipialkonstruktionen.
Oma: Ich könnte mir aber auch vorstellen, daß man manchmal gar nicht so genau sagen will, ob nun ›weil‹ oder ›als‹ oder ›trotz‹ gemeint ist – also z.B. vor Gericht, da bleibt man vielleicht ganz gerne mal eher vage ...
Ali: Sehr schön, Omina, das ist völlig richtig. Ab und zu kann man durchaus ein wenig unklar bleiben wollen ...
Quera: Sag, Ali – wir hatten für den aci damals so eine Liste gemacht, wie man beim Übersetzen vorgeht. Könnten wir das nicht auch für das pc hier schreiben – für 'ne bessere Checkung, weißte?
Ali: Klaro, amici, habe ich doch für euch vorbereitet! (siehe Seite 159)
Ali: Und weil ihr ja nun schon in der letzten Kurswoche seid, habe ich euch heute jede Menge Übungsblätter mitgebracht. Ihr müßt aber nicht alle Sätze übersetzen. Es genügt völlig, wenn ihr euch zwei oder drei Beispiele herauspickt. Die anderen Sätze könnt ihr dann irgendwann später machen, wenn ihr wieder zu Hause seid.
Pici: Puto simiam mihi pediculos delere!
(Simia, ae f. – der Affe / pediculos delere = lausen)
(siehe Seite 160 bis 162)

CHECKUNG PARTIZIPIUM CONIUNCTUM

1. Satz ganz durchlesen

2. Irgendwo ein Partizip aufgefallen? Sofort markieren, z.B. unterstreichen, so wird es beim Übersetzen nicht vergessen.

3. Ist durch die Endung des Partizips -Kasus/Numerus/Genus- das Bezugswort erkennbar? Bezugswort ebenfalls markieren.

4. Rahmensatz übersetzen bis einschließlich Bezugswort des pc.

5. Partizip = Zusatzinformation zum Bezugswort
   Achten auf: a) Zeitverhältnis des Part. zum Rahmensatz
               Part.Präs.: parallel zum Prädikat des Rahmensatzes
               Part Perf.: vor dem Prädikat des Rahmensatzes
               Part.Fut. : nach dem Prädikat des Rahmensatzes
            b) Aktiv/ Passiv zur Eigenkontrolle
               Part.Präs : aktiv   sollte auch im Dt.,
               Part.Perf : passiv   wenigstens in der wörtl
               Part.Fut : aktiv   Übersetzung, stimmen

6. Versuche, das Partizip zuerst w ö r t l i c h zu übersetzen, weil so am sichersten kontrolliert werden kann, ob die Punkte 5a/b stimmen!

7. Jetzt eine gute deutsche Übersetzung anfertigen, die aber sinnvoll zum Rest des Textes passen muß:

   Ü B E R S E T Z U N G E N :

   a) wörtlich
   b) Nebensatz mit Konjunktionen
      temporal   : während, als, nachdem
      kausal   : weil
      konzessiv   : obwohl, obgleich, obschon
      konditional : wenn
      adversativ : wohingegen
   c) Relativsatz
   d) 2 Hauptsätze, verbunden durch 'und' oder Komma
   e) Aus dem Partizip wird ein Substantiv gemacht; meistens mit einer Präposition: Beim Wandern, Trotz des Lernens,...

Bei der folgenden Übung sollen die unterstrichenen Sätze in
Partizipien mit Erweiterung umgewandelt und in den übrigen
Satz eingefügt werden.

Zu Übungszwecken kann zu den mit ✡ markierten Sätzen zuerst
eine Satzanalyse angefertigt werden.

Über die Eroberung Trojas und die Flucht des Helden Aeneas aus der Stadt

✡ 1. Troiani* quamquam semper dolos* Graecorum timebant, equum ligneum*, quem Graeci ante portas reliquerant, in urbem suam transportaverunt.

Troianus,i,m = ein Troianer, Bewohner der Stadt Troja, die in der heutigen Türkei liegt
dolus,i,m = die List
ligneus,a,um = hölzern, aus Holz

✡ 2. Graeci autem, qui in ventre* equi abditi erant, noctu* proruperunt et portas urbis Troiae suis aperuerunt*.

venter,tris,m = Bauch
abdere,abdo,abdidi,abditus = verstecken, verbergen
noctu = bei Nacht
prorumpere,o,rupi,ruptus = hervorbrechen
aperire,io,ui,apertus = öffnen, aufmachen

3. Aeneas* Troianus, cum omnibus Troianis fortitudine praestaret*, multos hostes necavit.

Aeneas,Aeneae,m = Aeneas war ein troianischer Held, seine Mutter war die Göttin Venus.
praestare,o,stiti,stitus = voranstehen, übertreffen

4. Postquam Aenaeas a multis Graecis circumdatus* est, non solum se sed etiam patrem Anchisem*, filium Ascanium uxoremque Creusam* servare constituit.

   circumdare,do,dedi,datus = umgeben, einschließen
   Anchises,Anchisae,m = der Vater von Aeneas
   Ascanius,i,m = der Sohn von Aenaeas
   Creusa,ae,f = die Ehefrau von Aenaeas
   constituere,o,stitui,tutus = beschließen, festlegen

---

5. Ad portum provolant*. Subito autem Aeneas uxorem non iam vidit: Statim Troiam navi relinquebit!

   provolare,o,vi,atus = eilen, sich beeilen

---

6. Sed uxorem amissam*, quae sola per pugnam erravit, non iam reperire* potuit.

   amittere,o,misi,missus = verlieren
   reperire,io,repperi,repertus = wiederfinden, auffinden

---

7. Cum Aeneas velut Ulixes Graecus* a deis immortalibus longis erroribus* per maria missus esset, postremo in Italiam pervenit*.
   Posteri suae familiae ibi Romam quoque condiderunt*.

   Ulixes,is,m = Odysseus, ein griechischer Held, der 10
                  Jahre lang herumirrte.
   error,oris,m = die Irrfahrt
   pervenire,io,veni,ventus = gelangen zu/ nach
   condere,do,didi,ditus = gründen

   Vergleiche im Lösungsheft Seite 27

Quomodo serra inventa sit

1. Artifex praeclarus, cui nomen Daedalus erat, olim Athenis[1] vixit.
2. Multae res a Daedalo inventae artificem tota Graecia praeclarum fecerunt.
3. Parentes de illo viro claro audientes suos filios ei docendos saepe tradere[2] voluerunt.
4. Soror quoque Daedali filium, qui Perdix appellabatur, ad fratrem multas artes docentem misit.
5. Perdix artibus strenue studiens omnes institutiones[3] Daedali bene et cito comprehendit[4].
6. Perdix ceterique discipuli aliquo die bono cibo se recreabant et ille spinas piscum in tabulis positas longe contemplatus est.
7. Proximo die Perdix medio spinas in pisce notatas ferro acuto quasi dentes[5] perpetuos incidit[6].
8. Eo instrumento statim tabulam in culina stantem medio secare conatus[7] est.
9. Novum instrumentum autem adhibens Perdix sonum velut serrrr-rrra, serrrr-rrra, serrrr-rrra audire videbatur. Inde instrumentum ab adulescente 'serra' appellatum est.

spina, ae, f

1. Athenis = in Athen
2. tradere, o, didi, ditus = übergeben, anvertrauen
3. institutio, ionis, f = Unterweisung, Unterricht; Einrichtung
4. comprehendere, o, di, sus = hier: begreifen
5. dens, dentis, m = der Zahn
6. incidere, o, cidi, cisus = hier: einschneiden
7. conari, or, conatus sum = versuchen (Deponens)

Vergleiche im Lösungsheft Seite 27

Achtunddreißigster Tag: abl abs

Ali: Morgen, Leute!
Ambi: Morgen!
Bella: Orgen!
Pici: Gen!
Quera: N!
Calli: !
Somi: ...
Ali: Na, ihr schaut ja reichlich abgeschlafft aus ...
Ambi: Können wir nicht mal wieder 'n bißchen was anderes machen, so, wie das mit dem Zeitungsartikel neulich oder mit dem Ausflug auf's Forum?
Quera: Irgendwas, was nicht so nervt – immer Grammatik, Mensch.
Ali: Für alle Dinge gibt's eben keine Inschriften oder sowas. Aber wartet mal – wenn wir den Anfang hier erarbeiten, kann ich euch später noch eine Inschrift zeigen, über die ihr echt staunen werdet. Einverstanden?
Pici: Also gut: Hälfte hier – Hälfte dort!
Ali: Ob genau halbe-halbe machbar ist, weiß ich noch nicht, auf jeden Fall gehen wir dann demnächst noch mal auf's Forum ...
Quera: ... statt Unterricht!
Ali: ... dort Unterricht! Videbimus!
Ich schreibe jetzt einen Satz an die Tafel, den ihr bitte übersetzt!

Liberis .... pater librum legit.

Quera: Das am Ende heißt mal: Der Vater liest ein Buch. Das ist nicht schwer. Jetzt das liberis ... entweder ... Dativ ... oder Ablativ ... ne, ›die Kinder‹ kriege ich nicht rein in den Satz, man kann doch nicht ›womit, wodurch‹ fragen ...!

Ali: Schön, Querula, das liberis läßt sich so nicht im Satz unterbringen. Wird das Wort so in den Rahmensatz hineingehören?

Inda: Na, wenn man es nicht übersetzen kann, wohl nicht!

Calli: Nachtigall, ick hör' dir trapsen ... mit dem Rahmensatz war doch schon einmal was ...

Ali: Nun seht ihr ja, daß da eine Lücke frei geblieben ist. In diese Lücke schreibe ich nun noch ein zusätzliches Wort, und dann wollen wir sehen, ob es übersetzbar ist.

Pici: Hmm, der Rahmensatz bleibt mal: Vater liest ein Buch. Der Rest ... wenn es ein Ablativ-Objekt wäre, müßte ich ja sagen können: Der Vater liest durch die spielenden Kinder, das geht ja wohl nicht.

Oma: Aber man könnte z.B. sagen: *Wenn* die Kinder spielen, liest Paps ein Buch.

Somi: Ich finde, dann kann man auch gut sagen: *Weil* die Kinder spielen, kann er lesen.

Ali: Natürlich, das ist auch eine gute Übersetzung. So – jetzt gucken wir uns die besagte Konstruktion ein bißchen genauer an: Welche beiden Wortarten sind dabei denn beteiligt?

Quera: Na, liberis ist ein Substantiv und ludentibus –

Calli: ... ist ein Partizip.

Ali: Und in welchem Fall stehen beide Wörter?

Bella: Das ist entweder Dativ oder Ablativ.

Ali: Kennt von euch jemand eine Partizipialkonstruktion, die im Ablativ steht?

Bella: Das einzige, was ich noch mit 'nem Partizip kenne, is'n A.m.P.

Ambi: Hört, hört!

Somi: Quatsch, was soll'n das sein?

Quera: Angeberin, willste dich wichtig machen?

Ali: Immer mal mit der Ruhe, ja? Annabella, kannst du vielleicht ein bißchen erklären, was du mit A.m.P. meinst?

Bella: So ganz genau kann ich das A.m.P. auch nicht. Ich weiß nur, daß die Abkürzung Ablativ mit Partizip heißt und daß da im Satz ein Ablativ steht, der ein Partizip im Ablativ bei sich hat.

Calli: Hey, du meinst 'n ablativus absolutus, logo!

Ali: Alles klar, nicht wahr? Dann paßt mal auf: Ich habe hier ein Blatt mit zwei Sätzen für euch. Wollt ihr die bitte mal übersetzen? In beiden Sätzen findet ihr ein Partizip.

Ambi: Also, links, das ist ein pc. Und wenn das ornantem wegfällt, gibt der Satz immer noch Sinn: Die Mutter ruft die Tochter – da fehlt nur noch eine zusätzliche Information, nämlich: die schmückende Tochter. Wenn ich im rechten Satz das Partizip weglasse, heißt es: Die Tochter spielt zusammen mit den Freunden, womit? Ablativ, mit dem Tisch. Da ist der Sinn ganz anders.

I. Mater filiam (ornantem) vocat.

II. Mensa (ornata) filia cum amicis ludit.

Pici: Sind das die eingekringelten Wörter?

Ali: Du sagst es. Und jetzt die Preisfrage: Kann ich die Sätze auch noch sinnvoll übersetzen, wenn ich die Partizipien einfach weglasse?

Ali: Sehr schön, Ambitiosus, Respekt! Wichtigstes Unterscheidungsmerkmal der beiden lateinischen Konstruktionen ist:

```
pc

Beziehungswort ist auch
ohne Partizip mit dem
Rahmensatz übersetzbar.
```

```
abl abs

Ohne das Partizip kann
der Ablativ gar nicht
oder nur bei völliger
Sinnänderung mit dem
Rahmensatz übersetzt
werden. Abl. und Parti-
zip gehören n i c h t
zum Rahmensatz , sind
eine untrennbare Einheit.
```

Pici: Du, sag mal, Ali, wir haben das beim pc mit so Dreiecken gezeichnet, geht das hier vielleicht auch? Ich kann mir's mit Bildern einfach besser vorstellen und merken.

Ali: Klar, das geht. Also: Beim pc gehört das Partizip *in* das Dreieck hinein, weil es für sich eine Zusatzinformation zu einem Bezugswort des Rahmensatzes ist.

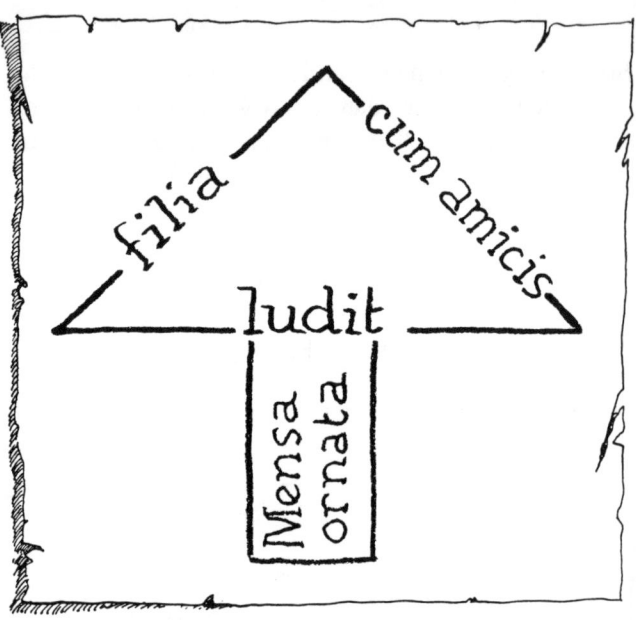

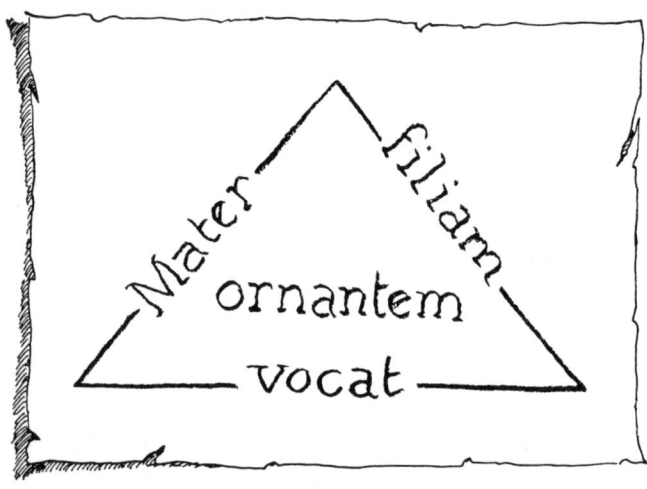

Pici: Klar!

Ali: Ablativ mit Partizip gehören zusammen, aber nicht *in* den Rahmensatz, sondern *außerhalb*, weil nur mit der Konstruktion als *Ganzem* der Sinn des Satzes getroffen wird.

Pici: Noch klarer!

Inda: Das hört sich ja fast so an, als ob Rahmensatz und ablativus absolutus überhaupt nichts miteinander zu tun hätten ... Warum schreibt man dann nicht gleich zwei Sätze?

Calli: Na, 'ne leichte Verbindung ist schon da, aber z.B. ist keine Kongruenz zu einem Wort aus dem Rahmensatz da.

Ali: Richtig! Denkt noch einmal an den Satz: Die Tochter spielt mit den Freunden. Welches Wort aus diesem Rahmensatz wird hier eigentlich durch: ›Als der Tisch gedeckt war‹ erläutert?

Oma: Tja – wann spielt die Tochter! Als der Tisch geschmückt war, eigentlich wird doch das Verb erläutert.

Ali: Genau! Eine inhaltliche Erläuterung zum Verb. Das participium coniunctum hat aber außerdem eine viel engere Verbindung zum Rahmensatz.

Calli: Na, die Kongruenz, weil Partizip und Beziehungswort im Rahmensatz übereinstimmen in den Formen für Fall, Geschlecht und Singular/Plural. Hab' ich doch eben schon einmal gesagt, Kongruenz.

Ali: So, und Pictor kann das ganz gut mit einem kleinen Schaubildchen darstellen:

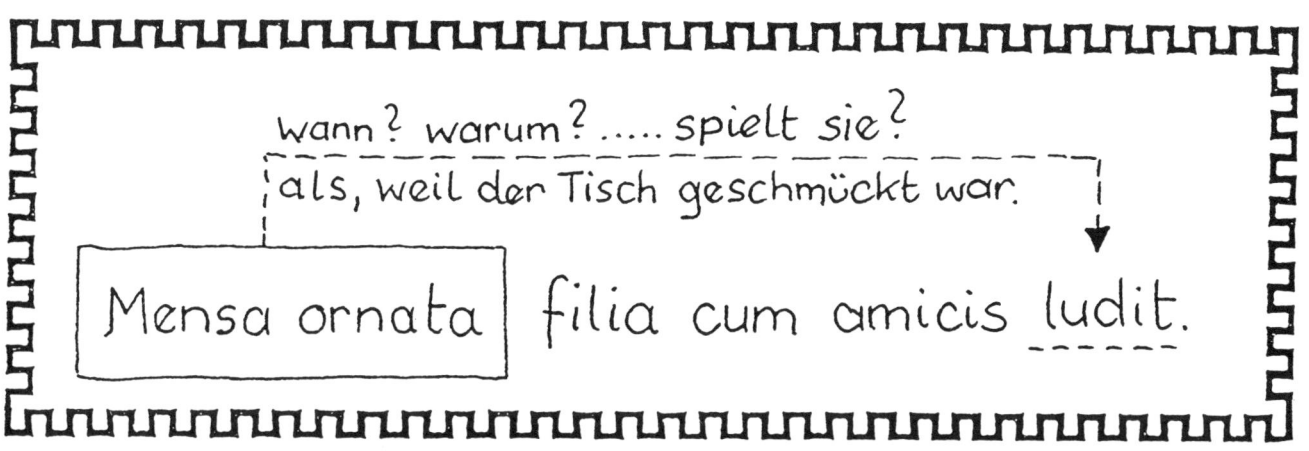

Der abl abs ist als Ganzes eine Erläuterung zum Prädikat des Rahmensatzes ...

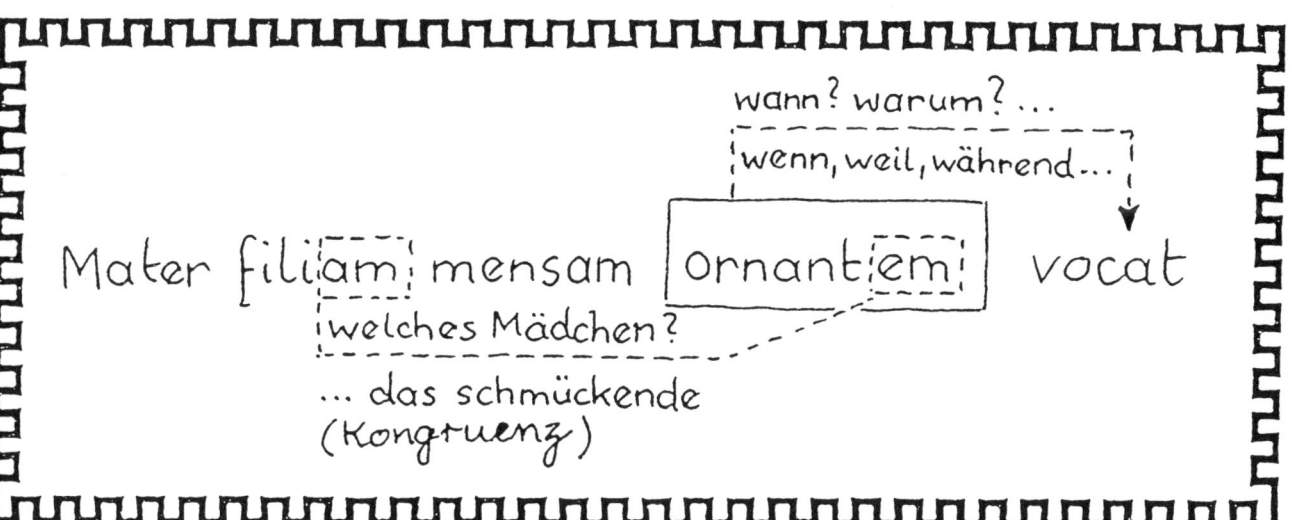

... das pc ist eine ähnliche Erläuterung zum Prädikat des Rahmensatzes, aber außerdem noch kongruent zu einem Beziehungswort aus dem Rahmensatz.

Somi: Das ist aber irgendwie schwer auseinanderzuhalten. Kann man sich den Unterschied nicht leichter merken?

Ali: Hm. Es gibt eine ganz gute Übersetzungsprobe, mit der man sich selbst kontrollieren kann.

Übersetzt doch bitte die beiden folgenden Sätze.

> I
> Feriis appropinquantibus discipuli non iam laborare volunt.
>
> II
> Tum magistri discipulos ferias exspectantes ad laborem incitare conantur.

Bella: Na, das kriege ich hin! Beim ersten Satz heißt das Prädikat non iam laborare volunt – sie wollen nicht mehr arbeiten – wer? die Schüler wollen nicht mehr arbeiten. Fehlt noch vorne der abl abs: vielleicht in der Art: Wenn die Ferien herankommen, wollen die Schüler nicht mehr arbeiten.

Somi: Ferien? Könnte bitte mal einer ein Fremdwörterlexikon bringen?

Ali: Somnulus, mir kommen die Tränen. Übersetz' doch bitte weiter!

Somi: Da weiß ich tum nicht und conantur auch nicht.

Calli: conari, conatus sum ist ein Deponens und heißt versuchen.

Ambi: Und tum heißt dann.

Somi: Also: Dann versuchen sie ... anzustacheln, wer? Die Lehrer versuchen anzustacheln, wen? die Schüler, und wozu? zum Arbeiten oder zur Arbeit. Jetzt fehlt noch das Partizip ... das gehört zu ... Augenblickchen mal ... eigentlich kann das doch von der Endung zu magistri und zu discipulos gehören!

Inda: Aber nicht vom Sinn her! exspectare heißt erwarten, und wer wird wohl die Ferien erwarten, Lehrer oder Schüler? Ganz klar die Schüler, auch vom vorigen Satz her.

Somi: Also gut: ... sie versuchen, die Schüler zur Arbeit anzutreiben, die die Ferien erwarten.

Ali: Gut. Beide Übersetzungen schreibe ich nun nebeneinander an die Tafel, und ihr seht bitte zuerst, ob die Formen appropinquantibus und exspectantes mit HS oder NS übersetzt sind.

Pici: Sind beide mit einem Nebensatz übersetzt, einmal mit ›wenn‹ und einmal mit einem Relativsatz.

> I
> Wenn die Ferien (herankommen), wollen die Schüler nicht mehr arbeiten.
>
> II
> Dann versuchen die Lehrer, die Schüler, die auf die Ferien (warten), zum Arbeiten anzustacheln.

Ali: So ist es. Nun bleiben wir einmal bei diesem Nebensatz: Schaut euch doch die Subjekte der beiden Nebensätze an – wie heißen sie?

Inda: Zuerst: ›die Ferien‹ und dann: im Relativsatz ist das Relativpronomen ›die‹ Subjekt, und dahinter verbergen sich ›die Schüler‹!

Ali: Gut. Und nun sucht die beiden Hauptsätze ab, ob das Subjekt vom Nebensatz dort noch einmal genannt wird!

Oma: Einmal ja, einmal nein. ›die Ferien‹ kommen nicht mehr vor, aber hinter dem Relativpronomen ›die‹ stehen die Schüler, das hat Industria eben schon gesagt.

Ali: Und könnte das einen Grund haben, daß einmal eine Verbindung zwischen Nebensatz und Hauptsatz besteht, einmal jedoch nicht?

Calli: Ist ja eigentlich wie im Lateinischen, oder?

Ali: Könntest du das ein bißchen näher erklären?

Calli: Na ja, beim pc ist das Partizip schließlich auch mit dem Rahmensatz verbunden, wenn es auch kein eigener Nebensatz ist. Und der abl abs ist von den Formen ja überhaupt nicht mit dem Rahmensatz verbunden.

Pici: Dann müßte man das ja auch im Deutschen mit diesen Dreiecken malen können.

Ali: Das ist eine gute Idee, Pictor, und das geht auch! Ich male zwei Dreiecke auf, und dann überlegen wir, wie die deutschen Übersetzungen von abl abs und pc dort eingetragen werden könnten.

Pici: Hier müßte doch nun der Rahmensatz auf den Seiten des Dreiecks stehen und der abl abs außerhalb.

Ali: Genau richtig, dann trage das doch ein, Pictor.

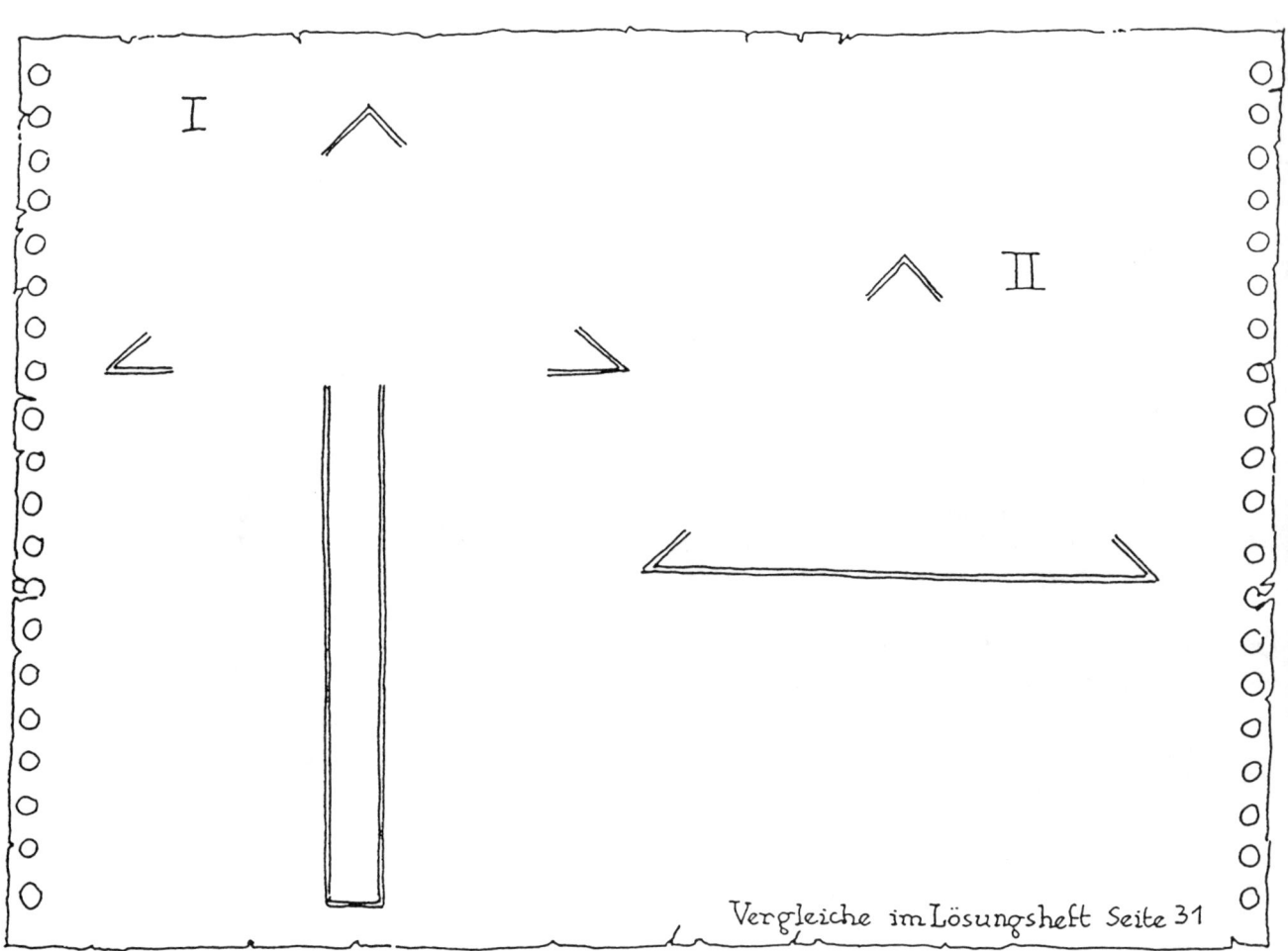

Vergleiche im Lösungsheft Seite 31

Quera: Das sieht ja aus wie ein Verkehrsschild!
Ali: Ja, das stimmt, genau!
Quera: Dann nehme ich das Dreieck für das pc, ja? Da müßte dann ... der gesamte Rahmensatz auf dem Dreieck stehen, also: Dann versuchen die Lehrer, die Schüler zur Arbeit anzustacheln. Und der Partizipialbereich steht innen drin: die auf die Ferien warten.
Ali: Und wenn wir mit Kreisen die Beziehung von Partizip zum Rahmensatz deutlich machen wollen?
Ambi: Dann wird das Relativpronomen ›die‹ umrandet und im Rahmensatz ›die Schüler‹.
Ali: Schön. Achtet also als Probe für euch selber immer darauf, daß beim pc das Subjekt des deutschen Nebensatzes noch einmal vorkommt; beim abl abs hingegen kommt es nicht nochmal vor.
Und dafür habe ich euch ein lustiges Übungsblatt mitgebracht.
Pici: Ut spero, id quod spero! (= Hoffentlich!)

Die folgenden 4 Sätze werden zuerst auf lat. in die obere 'Schilderreihe' eingetragen: Der Rahmensatz in das Dreieck, der abl abs in den Fuß des Schildes. In die untere Schilderreihe kommt die deutsche Übersetzung: Rahmensatz in das Dreieck, Übersetzung des abl abs in den Fuß!

A   Pace facta milites domum redierunt.

B   Discipulus patre monente non libenter discit.

C   Feriis ineuntibus homines valde gaudent.

D   Nonnulli homines ingentibus divitiis acceptis infelices sunt.

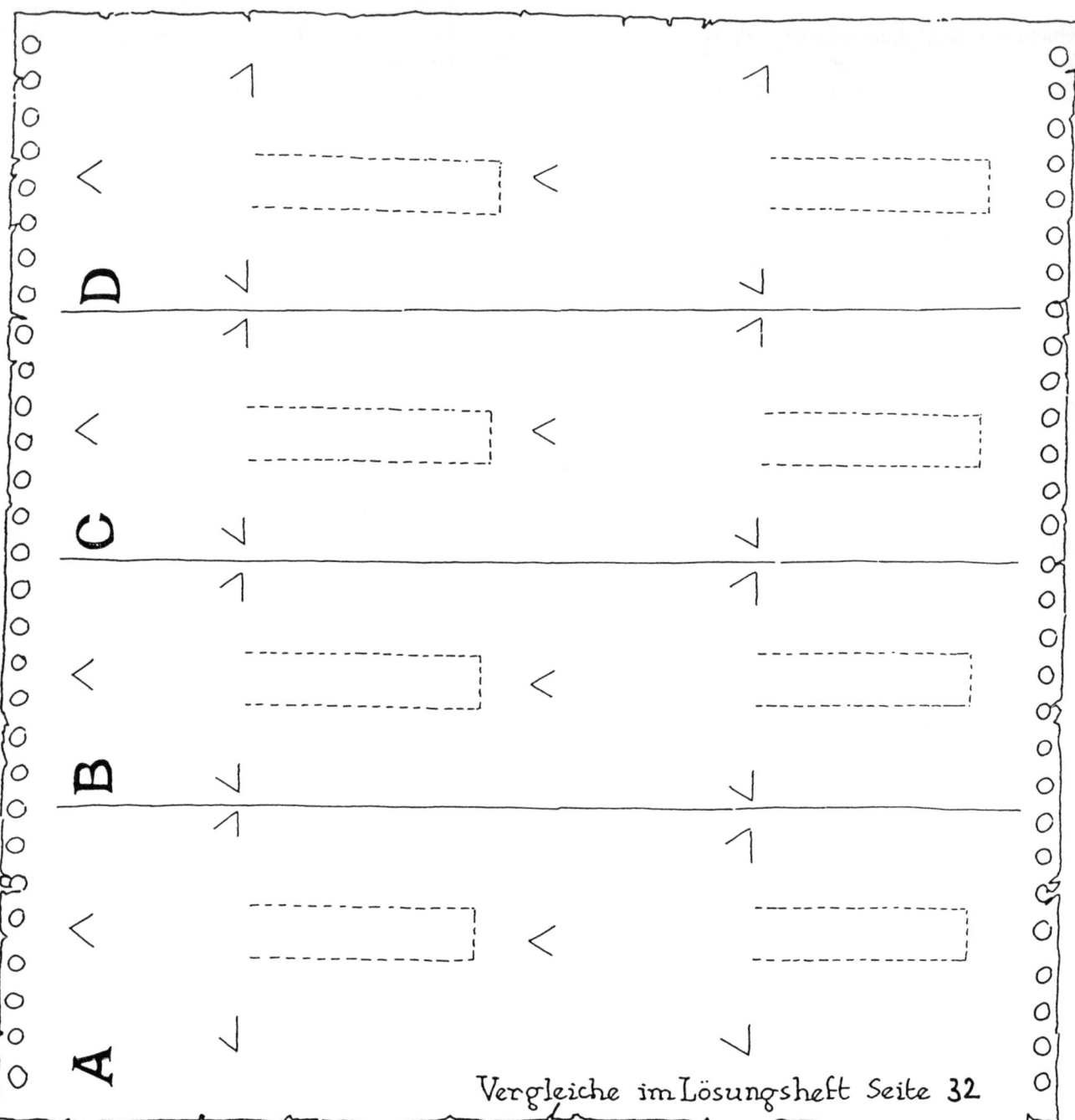

Vergleiche im Lösungsheft Seite 32

Neununddreißigster Tag: Übersetzungsmöglichkeiten des abl abs

Heute morgen ist dicke Luft im Klassenzimmer. Pictor hat sogar ein paar Protest- und Streikschilder gemalt.

Decepti sumus
= wir sind betrogen worden;
promissa sunt servanda
= Versprechen müssen gehalten werden;
laborem recusamus
= wir verweigern die Arbeit.

Ali: Ihr wollt verhandeln? Ja, worüber denn? Was ist denn hier los?
Calli: Gegenstand der Verhandlung ist dein Versprechen.
Ali: Welches Versprechen?
Ambi: Den Unterricht mal wieder in die Stadt zu verlegen.
Pici: Aut excursio – aut nihil. Elige!
Somi: Ent oder weder.
Pici: Ita est.
Ali: Ach, o je, o je! Stimmt, stimmt, hab' ich versprochen. Also, ein Vorschlag zur Güte: Der Ausflug findet morgen statt – mit Unterricht auf dem Forum. Heute paßt es einfach nicht so gut – aber als kleinen Ausgleich lade ich euch in unsere Cafeteria ein, und jeder kriegt einen Capuccino!
Calli: Ich glaube, das ist akzeptabel. Wir wollen es noch einmal mit ihm versuchen!
Ali: Na, das ist aber nett von euch. Dann können wir uns ja nun wieder dem abl abs zuwenden.
Oma: Das haben wir doch schon alles durchgekaut, muß das noch weitergehen?
Ali: Viel bleibt uns nicht mehr, aber die verschiedenen Möglichkeiten, den abl abs zu übersetzen, wollen wir schon noch durchsprechen.
Somi: Ouhhhh, neeee, das haben wir doch schon alles beim pc durchgemacht!
Ali: Na klar, und vor 10 Jahren habt ihr addieren gelernt, und damit löst ihr heute noch Textaufgaben!
Calli: Sehr witzig, sehr *witzig*!!
Ali: Na, nun schaut euch den Satz an und versucht dann, ihn nach den gleichen Mustern zu übersetzen, wie wir das bereits beim pc getan haben. Zur Erleichterung habe ich den Satz und die Übersetzungen, die wir vom pc schon kennen, bereits vorher auf das Arbeitsblatt geschrieben.

```
Beispielsatz: Urbe Roma a Gallis occupata anseres Capitolium
              servaverunt.

              anser,eris,m = die Gans
              Capitolium,i,n = Festung von Rom, das Capitol
              servare = retten

    I.   Nebensatz mit Konjunktion
         a) temporal     : während, nachdem   :
         b) kausal       : weil               :
         c) konzessiv    : obwohl             :
         d) konditional  : wenn               :
         e) adversativ   : wohingegen, während :
    II.  HS + HS                              :
    III. Substantiv mit Präposition           :
    VI.  wörtlich                             :
    V.   Relativsatz                          :
```

Pici: Also, ich bin fertig – wollen wir anfangen?
Ali: Sind die anderen auch soweit?
Somi: Glaub' schon!
Ali: Gut, dann gehen wir's doch gemeinsam durch – Querula, was hast du denn für eine Übersetzung gefunden beim temporalen NS?
Quera: Also: Nachdem die Stadt Rom von den Galliern erobert worden war, haben Gänse das Capitol gerettet.
Oma: Das hab' ich auch so, Mensch, aber was das soll, keine Ahnung.
Somi: Hach, das weiß ich mal! Die Gallier haben versucht, nachts über die Mauer zu klettern, und weil nur noch die Gänse wach waren, haben die vor Schreck so laut geschnattert, daß auch die Römer wach wurden und den Angriff dann zurückgeschlagen haben.
Ali: Schön, stimmt genau.
Ambi: Dann nehme ich mal die kausale Übersetzung: Weil die Stadt Rom von den Galliern erobert worden war, haben die Gänse das Capitol gerettet. Ist nicht so sinnvoll, oder?
Pici: Wieso – geht doch gut!
Ambi: Mensch, die Gänse wußten ja wohl nix von Galliern, Römern und so, die hätten doch immer geschnattert, jedenfalls haben die das sicher nicht irgendwie begründet getan!
Pici: Ach so, ja! Das ist wahr. Dann geht das nächste sicher auch nicht so optimal: Obwohl Rom erobert worden war, haben Gänse das Capitol gerettet.
Somi: Außerdem muß es heißen ... von den Galliern erobert worden war ...
Pici: Mensch, Brösel, sei doch nicht so pingelig!
Ali: Na, Somnulus, dann übernimm doch den nächsten Satz!
Somi: Also mit ›wenn‹, das paßt ja nun gar nicht! Und mit ›wohingegen‹ geht's so einigermaßen: Die Gänse haben das Capitol gerettet, wohingegen die Stadt Rom von den Galliern erobert worden war. Das geht.
Ali: In Ordnung. Dann fehlt noch die Möglichkeit, aus dem abl abs einen eigenen HS zu bilden.
Inda: Die Stadt Rom war von den Galliern erobert worden, und die Gänse haben das Capitol gerettet. Na ja, zur Not geht's.
Ali: Ok. Dann brauchen wir noch eine Übersetzung, in der aus dem Partizip ›erobert‹ ein Substantiv gemacht wird.
Calli: Vielleicht mit: Nach der Eroberung Roms durch die Gallier haben die Gänse das Capitol gerettet.
Ali: Gut. Nun fehlen noch die beiden letzten Möglichkeiten. Wer hat denn da etwas als Übersetzung anzubieten?
Inda: Das klappt irgendwie nicht so ganz! Ich müßte etwa sagen: Das eroberte Rom von den Galliern ... dann kriege ich aber nicht mehr das Subjekt die Gänse in den Satz mit rein!
Ali: Prima! Das funktioniert nämlich wirklich nicht. Kann sich jemand denken, aus welchem Grund das nicht klappt? Denkt dabei an das pc – da ging es nämlich wörtlich!
Ambi: Mal langsam ... das pc ist Teil des Rahmensatzes ... es bezieht sich auf ein Wort dieses Rahmensatzes ... der abl abs ist eigenständig ... und bezieht sich nicht auf ein Wort des Rahmensatzes.

Calli: ... ach sooo: Wenn ich im Deutschen das Partizip als Subjekt übersetze – z.B. das eroberte Rom –, dann muß das Subjekt im Hauptsatz noch einmal vorkommen, sonst kriegt der Satz keinen Sinn. Aber beim Übersetzen vom abl abs kommt das deutsche Subjekt ja gerade nicht noch einmal im Hauptsatz vor, weil der ganze abl abs im Lateinischen ja auch sozusagen losgelöst vom Restsatz steht.

Ali: Ganz genau: Wir sehen uns das noch einmal an, wenn wir versuchen, den Relativsatz aus dem abl abs zu bilden. Versuch' das bitte, Omina!

Oma: Gut, ich beginne mit dem lateinischen Rahmensatz: Die Gänse haben das Capitol gerettet ... Aber ich kann doch jetzt keinen Relativsatz da anhängen!

Ali: Weshalb nicht?

Oma: Soll ich vielleicht sagen: Die Gänse haben das Capitol gerettet, der/die/das Rom von den Galliern erobert worden war? Das ist doch kompletter Blödsinn!

Ali: Natürlich, du hast recht. Aber warum?

Inda: Ein Relativpronomen bezieht sich ja immer auf ein Wort des vorangehenden Satzes, das ist bei uns der Rahmensatz. Da vom abl abs nur eine ganz schwache Verbindung zum Verb besteht, aber sonst gar keine, ist eben auch im Deutschen kein Wort im Rahmensatz da, auf das ich den Relativsatz beziehen könnte.

Calli: Eigentlich ist doch das die Sache mit der Probe, oder? Wenn man einen abl abs übersetzt, darf das Subjekt des deutschen NS im HS nicht noch einmal vorkommen – beim pc muß es aber wieder auftauchen.

```
I. Nebensatz mit Konjunktion
   a) temporal:      Nachdem die Stadt Rom von den Galliern erobert
                     worden war, haben die Gänse das Capitol gerettet
   b) kausal:        Weil die Stadt Rom von den Galliern erobert
                     worden war, (Sinn?)
   c) konzessiv:     Obwohl die Stadt von den Galliern erobert worden
                     war,
   d) konditional:   Wenn die Stadt Rom von den Galliern erobert
                     worden war, (Sinn?)
   e) adversativ:    Die Gänse haben das Capitol gerettet, wohingegen
                     die Stadt Rom von den Galliern erobert worden
                     war.
II. HS + HS:         Die Stadt Rom war von den Galliern erobert
                     worden und die Gänse haben das Capitol gerettet.
III. Substantiv      Nach der Eroberung Roms durch die Gallier haben
     mit Präp.:      die Gänse das Kapitol gerettet.
IV. wörtlich:        -------
V. Relativsatz:      -------
```

Ali: Völlig richtig. Dann tragen wir die Übersetzungen in die Tabelle nachträglich ein und haben dann alle auf einen Blick.

Ambi: Wie ist denn das, Ali, wenn wir mal wieder eine Satzanalyse machen bei 'nem längeren Satz: Gibt's da für den abl abs irgendein spezielles Zeichen? Weißt schon, das dann in das Zahlenschema eingetragen wird.

Ali: Klar, Ambitiosus, das brauchen wir, und das gibt's auch: Wir nehmen eckige Klammern.

Calli: Also pc runde, abl abs eckige Klammern.

Ali: Genau.

Inda: Nur um die Worte, die direkt zur Konstruktion gehören, oder um die ganze Konstruktion, z.B. wenn noch 'ne Wortgruppe dazwischen steht?

Ali: Ich glaube, es ist einfacher, gleich um's Ganze die Klammer zu setzen. Wir können das auch gleich noch in der nächsten Übung genauer sehen, da kommt's drin vor.

QUOMODO ANSERES CAPITOLIM SERVAVERUNT

(nach Livius)

1. Olim Italia omni fere a Gallis expugnata Romani quoque bellum parabant.

   fere (Adv.) = beinahe, fast

2. Roma expugnata Galli magnam praedam fecerunt.

   praeda,ae,f = Beute

3. Pauci milites Romanorum autem se in arcem Romae nomine Capitolium receperant: ita Galli non totam urbem superaverant.

   pauci,ae,a = einige, wenige
   se recipere = sich zurückziehen, fliehen
   arx,cis,f = Burg, Festung
   superare = überwinden, besiegen

4. Septem mensibus peractis Galli Capitolium etiam oppugnabant.

   peragere,egi,actus = vollenden, verbringen
   mensis,is,m = der Monat
   etiam = hier: immer noch

5. Tandem consilium ceperunt Capitolium noctu opprimere et occupare.

   consilium capere = einen Plan fassen
   opprimere = überfallen

6. Scalis applicatis Galli muros Capitolii ascendere conati sunt.

   scalae,arum,f = die Leiter
   applicare = anlehnen, anlegen, heranbringen
   ascendere,scendi,scensus = emporsteigen, erklimmen
   conari,or,atus sum (Deponens) = versuchen

7. Non multum aberat quin Galli Romanis dormientibus Capitolium expugnarent.

   non multum aberat quin = es hat nicht viel daran gefehlt, daß beinahe wäre...

8. Galli subdoli impetum enim ita taciti fecerunt, ut non custodes Romanos, ne canes quidem excitarent.

   subdolus,a,um = listig, hinterlistig
   custos,odis,m = der Wächter
   canis,i,m = der Hund
   ne...quidem = nicht einmal
   excitare = aufjagen, aufschrecken, aufwecken

9. In foro Capitolii anseres quoque, animalia sacra Iunonis, vivebant, qui magna fame incitati non dormiebant sed cibum quaerebant. Subito Gallos animadvertunt!

   forum = der Marktplatz
   anser,eris,m, = die Gans
   fames,is,f = der Hunger, die Hungersnot
   cibus = die Speise
   quaerere,o,sivi,situs = suchen, begehren, verlangen
   animadvertere,o,ti,sus = bemerken, sehen

10. Quae res saluti fuit: Anseribus magnam clangorem crepitumque alarum facientibus Marcus Manlius -vir bello egregius- excitatus est.

    salus,utis,f = das Wohlergehen, die Rettung, das Leben
    saluti esse = heilbringend, lebensrettend sein
    clangor,oris,m = das Geschrei, hier: Geschnatter
    crepitus,us,m = der Hall, Schall, Schlagen
    ala = der Flügel

11. Manlius Gallum iam in summo muro stantem deturbat et a sociis auxilium petit: Eo facto Capitolium a Gallis non expugnatum est.

    stare,steti,status = (da-)stehen, aufrecht stehen
    deturbare = herunterstoßen, herabwerfen
    auxilium petere = zu Hilfe, um Hilfe rufen/bitten

12. Manlius autem cognomine 'Capitolinus' ornatus est. Anseres inde apud Romanos magna auctoritate fructi sunt.

    cognomen,inis,n = Beiname
    frui,or,fructus sum (m.Abl.) = Genuß haben an, eine Sache
                                    genießen

Vergleiche im Lösungsheft Seite 28

Vierzigster Tag: Verschiedene Wortkombinationen beim abl abs

Langsam ist der Abreisetag in Sicht. Es macht sich bereits eine seltsame Mischung aus Freude und Wehmut breit. Freude, daß der Kurs bald überstanden ist – Wehmut, daß es nun bald Abschiednehmen heißt.

Ali löst heute sein Versprechen ein und spaziert mit seiner Gruppe zum Forum Romanum. An einer Säule bleibt er stehen, wischt mit seinem Ärmel daran herum, bis diese Kritzelei zum Vorschein kommt:

Ali: Na, kann das jemand lesen?
Oma: Hic Ali parentibus invitis paulae pulchrae osculum dat. Sag' mal, hat das was mit dir zu tun, Ali, weil da doch auch das Wort Ali vorkommt?
Ali: Hmmmm, stimmt. Hier hatte ich früher mal ein tolles Rendez-vous.
Bella: Hey, 'n Rendez-vous von Ali!! War sie hübsch?
Ali: Also, ich fand sie super.
Bella: Und wie alt warst du da?
Ali: Och – so wie ihr etwa, vielleicht XIV oder XV.
Pici: Und warst du lange mit ihr befreundet?
Ali: Na, wie man's nimmt! Vielleicht ein Jahr ... oder ein bißchen weniger. Wollt ihr es übersetzen?
Quera: Na logo, Mensch! Das Prädikat ist dat und das heißt: er, sie, es gibt. Das Subjekt ist ...
Oma: Wahrscheinlich Ali, wenn das auch früher schon die Abkürzung für Aquiloculus war ... Hat man dich auch schon damals Ali genannt?
Ali: Ach, eigentlich haben mich so schon immer alle Leute genannt, denen war Aquiloculus einfach zu lang.
Quera: Dann heißt das also: Ali gibt; hic heißt hier: Hier gibt Ali – wen oder was? Hmmm – der einzige Akkusativ im Satz könnte osculum sein – das Wort kenne ich aber nicht.
Calli: Das könnte was mit os – der Mund zu tun haben?
Ali: Sehr schön, Callidus! Und die Endung -ulus ist eine Verkleinerung dazu, das wäre dann ein Mündchen oder: der Kuß.
Bella: Ein *Kuß*!
Alle: Yeahhh – *Johlen* – Wauuuu – Ali, alter Schlawiner!
Quera: Nun doch mal Ruhe, Mensch, machen wir weiter! Wer war denn die Glückliche?
Somi: Wem hat er den Kuß gegeben? Der schönen Paula.
Hier gibt Ali der schönen Paula einen Kuß.
Quera: Jetzt fehlt nur noch parentibus invitis; parentibus kommt von parentes = die Eltern, das ist klar; invitis sagt mir allerdings gar nichts ...
Ali: Kennt jemand das Wort? Na? – invitus, a, um heißt: unwillig oder auch gegen den Willen von.
Pici: Dann könnte es vielleicht so heißen: Hier gibt Ali der schönen Paula einen Kuß, obwohl die Eltern unwillig waren.
Inda: Hier gibt Ali der schönen Paula gegen den Willen der Eltern einen Kuß. Das hört sich viel besser an.
Pici: ... viel besser an! Eigenlob stinkt, Mann!
Inda: Frau!
Ambi: Komisch: Hatten die was gegen dich, Ali?
Inda: Wer?
Ambi: Na. Paulas Eltern!
Inda: Wieso denn – kann doch auch bedeuten, daß Alis Eltern was dagegen hatten! Wie war das denn damals, Ali?
Ali: Ach, vielleicht hatten Paulas Eltern ein bißchen was gegen mich.
Somi: Aber wieso denn das? Was ging denn die das an, wenn du und Paula euch gern hattet?
Ali: Na ja ... Paulas Eltern haben sich für ihre Tochter wohl nicht gerade einen kleinen Lehrer vorgestellt ... die waren ziemlich wohlhabend ... Tja, und dann ...
Somi: Was'n noch?
Ali: ... ich denke mir, das mit meinen Augen hat ihnen vielleicht auch nicht für ihre Tochter gepaßt ...
Quera: Also, das ist doch wirklich Quatsch!
Pici: Außerdem ist die Paula da selbst schuld gewesen, wenn sie sich dabei von ihren Eltern hat beeinflussen lassen. Wir haben dich jedenfalls gerne, Ali, so wie du bist. Das muß man mal sagen.
Somi: Und bei dir ist Latein lernen auch nur halb so blöd' wie sonst – das ist doch auch was, oder?

Ali: Leute, das ist ehrlich nett, daß einer auch mal so etwas sagt – wißt ihr, mir macht das alles noch viel mehr Spaß, wenn ich ab und zu mal etwas Nettes gesagt kriege! Und ich wollte euch auch schon länger sagen, daß ihr ein arg netter Haufen seid, ganz bestimmt!
Somi: Das hast du schön gesagt, Ali. Darauf machen wir Schluß!
Ali: Darauf machen wir weiter, weil ihr alle so furchtbar nett seid. Ich habe euch auch noch was anzubieten. Ihr seht hier auf der Tapetenrolle zwei Sätze:

Ali: Genau. Wenn ihr nun bedenkt, daß wir eigentlich über Partizipialkonstruktionen reden, was ist denn im zweiten Satz an dem abl abs seltsam?
Calli: Na, daß da gar kein Partizip mehr dabei ist, bei der angeblichen Partizipialkonstruktion.

> Liberis ludentibus pater librum legit.
>
> Hic Ali parentibus invitis Paulae pulchrae osculum dat.

Den einen haben wir ja gerade übersetzt – und den anderen kennt ihr noch von früher, nicht wahr? Und was haben beide gemeinsam?
Oma: Wenn du so fragst, kann das nur der abl abs sein!
Ali: Omina, was fällt dir an dem abl abs sonst noch auf?
Oma: Ja, irgendwie das Eingerahmte ...
Ambi: Im ersten Satz besteht der abl abs aus einem Substantiv im Ablativ und aus einem Verb, das in der Form des Partizips auftritt.
Somi: Und im anderen Satz besteht er aus einem Substantiv, nämlich parentibus, und einem Adjektiv, invitus, a, um.

Ali: Völlig richtig. Der abl abs kann also auch in dieser Spezialverbindung stehen. Übersetzt doch bitte auch noch diesen Satz, ist nur ein wenig abgewandelt:

> Hic Somnulus Querulaque ambulant magistro inscio.

Inda: Hier gehen Somnulus und Querula spazieren ... ohne Wissen ... des Lehrers.
Ali: Ja, und woraus besteht der abl abs in diesem Satz?
Inda: Wieder aus einem Substantiv, magistro, und einem Adjektiv, inscius, a, um.
Ali: Nach diesen kurzen Übungen gebe ich euch jetzt noch einen Satz, in dem wieder ein abl abs enthalten ist. Wir wollen ihn zuerst übersetzen.
Ali: Ja, beide Übersetzungen gehen, so ist es richtig. Wie heißt in diesem Satz der abl abs?
Somi: Na, Cicerone consule.
Ali: Und aus welchen Wortarten besteht er?
Ambi: Aus zwei Substantiven, Cicerone und consule.
Ali: Genau. Nun gibt es einige Substantive, die besonders häufig mit anderen eine Verbindung zum abl abs eingehen. Das erste haben wir schon im Beispielsatz kennengelernt, das war

> Cicerone Consule Catilina accusatus est.

Oma: Der Rahmensatz würde heißen: Catilina ist angeklagt worden. Der Rest, hm. Durch den Konsul Cicero?
Ali: Menschen werden nur selten in den Ablativ des Mittels gesetzt, Omina. Man würde wohl eher sagen: a Cicerone consule.
Quera: Dann eben: Als Cicero Konsul war.
Ambi: Oder: Unter Ciceros Konsulat.

consul. Jetzt übersetzen wir die folgenden Sätze, in denen weitere Substantive unterstrichen sind, die zusammen mit einem anderen Substantiv einen abl abs bilden können.
Und weil ihr heute so toll mitgemacht habt und weil ihr übermorgen schon nach Hause fahrt, gibt es für heute nur eine Mini-Übung:

```
Zu übersetzen:

Bruto aliisque hominibus auctoribus Caesar anno XXXIV necatus est.

Romulo Remoque regibus urbs Roma condita est.

Germani Arminio duce Romanos in saltu Teutoburgiensi vicerunt.

Hannibale duce copiae Carthaginienses Alpes transierunt.

Graeci Ulixe auctore equum permagnum construxerunt.
```

Vergleiche im Lösungsheft Seite 28

Einundvierzigster Tag: Das Letzte vom abl abs

Ali: Amici, auch mir fällt der Abschied schwer. Doch bevor ich das große Heulen kriege, mache ich am besten noch etwas Latein mit euch. (siehe Seite 186)
Bella: Mir kommen die Tränen!
Ali: Damit, amici, hätten wir's geschafft. Ich gebe euch jetzt noch ein Bündel Übungsblätter mit. Die könnt ihr bearbeiten, wenn ihr wieder zu Hause seid. Ich würde mich freuen, wenn ihr euch dann auch hin und wieder an unsere schöne Zeit in Rom erinnern könntet. Es war schön, daß ihr hier wart! (siehe Seite 187 bis 189)
Und heute abend feiern wir eine tolle Abschlußparty!
Alle: Vivat Ali! A-li, A-li, A-li!!!

Kombinationsmöglichkeiten des ablativus absolutus
==

I. <u>Substantiv (im Ablativ) + Verb (in Partizipform)</u>

    Laboribus factis   discipulus cum amicis lusit

    Als die Arbeiten
    erledigt waren
                             spielte der Schüler mit
    Nach Erledigung   seinen Freunden
    der Arbeiten

II. <u>Substantiv (im Ablativ) + Substantiv (im Ablativ)</u>

    rex   : Romulo <u>rege</u>...   Als Romulus König war...
                                       Unter der Königsherrschaft
                                       des Romulus...
    consul: Cicerone <u>consule</u>... Unter Ciceros Konsulat...
                                       Als Cicero Konsul war...
    auctor: Bruto <u>auctore</u>... Unter/Auf Urheberschaft
                                     des Brutus...
                                     Auf Veranlassung von Brutus...
    dux: Hannibale <u>duce</u>... Als Hannibal Führer war...
                                     Unter Hannibals Führung...

III. <u>Substantiv (im Ablativ) + Adjektiv (im Ablativ)</u>

    Matre inscia   Paula amica Alii erat.
    Ohne Wissen der Mutter war Paula Ali's Freundin.

    Parentibus vivis   iter in Italiam feci.
    Zu Lebzeiten der Eltern habe ich eine Reise nach
                                Italien gemacht.

I. Suche zu den folgenden ablativi absoluti eine g u t e Übersetzung und schreibe sie jeweils neben den lat. Ausdruck.

1. Hannibale vivo
2. prima luce
3. prima nocte
4. sole occidente
5. sole oriente
6. caelo sereno
7. vobis absentibus
8. vere ineunte
9. ultima nocte
10. primo sole
11. nobis adiuvantibus

II. SATZPUZZLE - hier steht in jedem Kasten ein kompletter Satz, aber ganz durcheinandergewürfelt. Welches ist die richtige Reihenfolge und Übersetzung?

a)

certantibus
gaudet
Duobus
tertius
.

b)

.
fratre
Romulus
necato
regnabat
solus

c)

appropinquantibus
.
clauserunt
cives
Hostibus
portas
urbis

Vergleiche im Lösungsheft Seite 28

Fabula cursus Marathonis

I. Olim Athenienses oppidis Graecis Asia sitis seditionem
   in Persas facientibus XX navibus subvenerant.

   situs,a,um = gelegen
   seditio,onis,f = der Aufstand
   subvenire,veni,ventus = zu Hilfe kommen

II. Bellum tamen exercitu Persarum misso cito decretum est
    oppidaque Graeca Asiae a Persis deleta sunt.

    decernere,crevi,cretus = entscheiden

III. Nonnullis annis peractis Persae Atheniensibus puniendi
     causa bellum inferre voluerunt.

     peragere,ago,egi,actus = vollenden, verbringen
     bellum inferre = Krieg hineintragen, Krieg anfangen mit

IV. Dareo rege Persico anno CCCCLXXXX a.Chr.n. magnus exercitus
    in Graeciam pervenit.

    Dareus = Name eines persischen Königs
    Persicus,a,um = persisch
    pervenire,veni,ventus = gelangen, kommen

V. Athenienses autem omnibus oppidis Graecis de genere defen-
   sionis inter se dissidentibus solae Persis resistere debu-
   erunt ne Graecia sub potestatem Persarum veniret.

   genus,eris,n = Art, Weise
   defensio,onis,f = Verteidigung
   inter se dissidere = (untereinander)zerstritten sein
   sub potestatem venire = unterworfen werden, in die Gewalt von
                           jemandem geraten

VI. Copiae Atheniensium Miltiade duce, qui Persas ad Athenas
    pervenire nollet, ad oppidum Marathonem non longe ab Athenis
    situm profectae sunt.

    Miltiades,is,m = Name des athenischen Oberfeldherren
    Marathon,onis = kleines Städtchen, nicht weit von Athen
    proficisci,or,fectus sum = aufbrechen

VII. Exercitibus hostilibus ibi fortiter dimicantibus Miltiades tamen Athenienses victuros esse providit.

    dimicare = kämpfen
    providere,vidi,visus = vorher-, voraussehen
    vincere,vici,victus = (be)siegen

IIX. Itaque signo a Miltiade dato aliqui miles -cuius nomen non est traditum- totum spatium ad Athenas percurrit, ut incolas de victoria Graecorum certiores faceret.

    signum,i,n = das Zeichen
    spatium,i,n = der (Zwischen)Raum
    percurrere,cucurri,cursus = schnell rennen
    certiorem facere (de) = (über etwas) benachrichtigen

IX. Spatium quod nuntius pervolavit longitudine circiter XXXX kilometris erat.

    pervolare = durcheilen, eilig zurücklegen
    Neulatein: kilometrum,i,n = der Kilometer

X. Cursu peracto victoriaque nuntiata miles mortuus collapsus est.

    cursus,us,m = der Lauf
    collabi,or,lapsus sum = zusammenbrechen

Vergleiche im Lösungsheft Seite 29

Zweiundvierzigster Tag: Großer Reisetag

Da stehen sie wieder alle auf dem Bahnhof. Das hätte vor sechs Wochen niemand von ihnen geglaubt, daß sie trotz aller Arbeit auch soviel Spaß miteinander haben würden. Es war eine herrliche Zeit. – Sogar Ali wischt sich heimlich eine Träne weg. Sogar Pictor ist überraschend schweigsam. Oder ist er nur zu sehr mit Bella beschäftigt?

Übrigens: Diese Kurse gibt es sogar heute noch! Zwar nicht in Rom, sondern im Silva Nigra (= Schwarzwald); außerdem sollen sie inzwischen weit weniger stressig sein als seinerzeit im alten Rom ...

Willst du mehr darüber wissen? Oder bist du an weiteren Lerntips interessiert? Dann bestelle dir gleich heute den kostenlosen Katalog. Schicke eine Postkarte mit dem Stichwort: »Mittite mihi libellum discendi sine impendio« (= Schickt mir das kostenlose Lernprogramm) an das

    Studienhaus St. Blasien,
    Postfach 1105,
    7822 St. Blasien.

Oder rufe kurz dort an: (07672) 2289. Wenn du faxen willst, nimm diese Nummer: (07672) 2246.